D0876394

LE CERCLE DE L'UNION INTERALLIÉE

Un siècle dans l'histoire

Éditeur : Maria Felix Frazao
Coordination éditoriale : Anne Botella
Assistante éditoriale : Alix de Sanderval
Conception graphique : www.keppyroux.com
Iconographe : Lisa Buchaudon

LE CERCLE DE L'UNION INTERALLIÉE

Un siècle dans l'histoire

cherche
midi

Vue aérienne du Cercle de l'Union Interalliée (à droite) et de ses jardins, reconnaissables par leur structure en terrasse aménagée qui donne sur le boulingrin gazonné.

La cour du Cercle en 1922, publiée dans le *New York Herald*.

« Si l'Interallié m'était conté »

Fabuleux destin que celui du Cercle de l'Union Interalliée ! Né en 1917, au moment de l'entrée officielle des États-Unis d'Amérique dans la Grande Guerre, il est le fruit de la volonté d'une poignée d'hommes d'exception, parmi lesquels le maréchal Foch, qui ont choisi ce splendide hôtel particulier, joyau du XVIIIe siècle, pour en faire un lieu d'accueil pour les officiers et les responsables politiques des puissances de l'Entente.

Aussitôt après l'armistice du 11 novembre, les mêmes fondateurs constituent une société civile immobilière qui acquiert l'immeuble, et le Cercle Interallié installé « dans ses murs » va alors devenir un lieu privilégié des relations internationales et de la vie culturelle parisienne.

Par ce beau livre, nous pouvons « revivre » ce Cercle tout au long du XXe siècle jusqu'à nos jours, avec même un retour sur les deux siècles d'histoire de cet hôtel particulier avant qu'il ne devienne le Cercle.

On y découvre que dans les années de l'entre-deux-guerres le Cercle Interallié brille de mille feux, qu'il est l'hôte régulier de souverains et de chefs d'État de passage à Paris – dont le jeune Hirohito, le futur empereur du Japon – et un haut lieu de la vie littéraire parisienne. S'y rencontrent régulièrement Paul Valéry, André Gide, Jean Giraudoux ou la duchesse Edmée de La Rochefoucauld, et déjà Louise de Vilmorin, qui sera surtout très présente dans les années 1950. Le Cercle Interallié est également animé régulièrement de représentations théâtrales avec Sacha Guitry ou de récitals de musique sous l'impulsion de Nadia Boulanger.

Les années d'occupation de 1940 à 1944 vont mettre une fin brutale à cette brillante vie culturelle et diplomatique du Cercle, et ce dernier trouvera alors provisoirement refuge dans les salons du Nouveau Cercle, boulevard Saint-Germain.

Vous retrouverez en parcourant ce livre l'atmosphère gracieuse des années 1950 avec Louise de Vilmorin en égérie, la venue fréquente de Paul Claudel et d'André Malraux, ainsi que le « ballet diplomatique » des années 1960 avec la réception au Cercle de nombreuses personnalités d'État, dont le shah d'Iran, ou des souverains européens. Les fêtes brillantes se succèdent et on y retrouve tantôt la princesse Margaret, ou une autre fois Grace Kelly, devenue princesse de Monaco.

La désaffection de la jeunesse des années 1960 et 1970 envers les traditions va provoquer alors un déclin relatif du Cercle qui « se regarde vieillir », selon la formule percutante de Jean de Beaumont…

C'est alors, en 1974, que le président de l'époque, le prince de Faucigny-Lucinge, a l'audace de créer le centre sportif avec la magnifique piscine, qui est un bijou d'architecture. Le comte Jean de Beaumont accueille en 1979 le Nouveau Cercle, qui a dû quitter son immeuble historique – juste remerciement de l'entraide fournie par celui-ci durant les années d'occupation, mais également apport bienvenu de nouveaux membres venant d'un cercle prestigieux, à un moment critique.

De la fin des années 1990 à nos jours, les présidents successifs, Jean de Beaumont, Pierre-Christian Taittinger et moi-même avons entrepris de grands travaux de rénovation et de décoration qui ont modernisé l'immeuble tout en l'embellissant, et grâce auxquels le Cercle a renoué avec son prestige d'antan.

La vie y est plus discrète qu'elle ne le fut dans le passé, mais l'esprit d'origine continue de prévaloir. Le Cercle est bien ce lieu d'échanges entre les élites françaises et internationales, il est chaleureux et ouvert, et il offre à ses membres et à leurs invités la possibilité de cultiver l'amitié au travers des multiples activités qu'il propose. La société française connaît des mutations rapides et même brutales depuis des décennies, mais le Cercle Interallié reste une référence et, grâce à l'art de vivre « intemporel » qu'il propose, il sait séduire les différentes générations, dont les plus jeunes.

Denis de Kergorlay
Président

Sommaire

1

L'INTERALLIÉ AVANT L'INTERALLIÉ

«…une place en marais sise au faubourg Saint-Honoré…»

EN 1917, LORSQUE LE CERCLE DE L'UNION INTERALLIÉE S'INSTALLE AU 33, RUE DU FAUBOURG-SAINT-HONORÉ, IL NE PREND PAS SEULEMENT POSSESSION D'UN HÔTEL PARTICULIER ET DE SUPERBES JARDINS, MAIS AUSSI DE PLUS DE DEUX SIÈCLES D'HISTOIRE. EN EFFET, CES SALONS OÙ LES MEMBRES PEUVENT AUJOURD'HUI DÎNER, LIRE OU CONVERSER ÉTAIENT DÉJÀ UN DES LIEUX LES PLUS EN VUE DE LA CAPITALE.

Le 2 juin 1713, le receveur des consignations de la cour met en vente «une place en marais sise au faubourg Saint-Honoré, rue d'icelui, contenant six arpents ou environ[1] sur partie de laquelle place il y a une petite maison sur ladite grande rue et à l'autre bout ayant issue sur les Champs-Élysées». Il ne se doute pas, alors, que ce terrain va être l'objet d'une étonnante saga historique. Depuis quelque temps, Louis Chevalier, président de la Haute Cour du Parlement, recherche pour le compte de son frère et de sa sœur un terrain propice à la construction de leurs respectives demeures parisiennes et s'informe sur les meilleurs terrains en vente dans la capitale. Descendants d'une ancienne famille noble de Champagne protégée par Colbert, ce fils et frère de fermier général et sa famille disposaient pour ce faire d'une fortune importante, puisqu'ils exerçaient le quasi-monopole de la recette générale des finances de Metz. L'endroit était donc idéal et le choix du président Chevalier fut rapidement fait, à la satisfaction de son frère Philibert-Antoine (à qui échoit le futur numéro 35, par la suite chancellerie de Grande-Bretagne); de sa sœur Anne, veuve Le Vieux (qui sera propriétaire du 33); et de sa belle-sœur Marie Ollier, veuve de Jacques Chevalier et propriétaire du numéro 31 (future ambassade du Japon). Cette dernière va finalement, pour des raisons inconnues, renoncer à son projet au cours des travaux et revendre son terrain.

Page précédente : garden-party à l'hôtel Henri de Rothschild, vers 1908.

1 L'équivalent de 25 000 m².

Un projet familial

Dans cette portion du faubourg Saint-Honoré, la sobriété architecturale de l'ensemble des Chevalier donne le *la* et inspire des constructions simples et harmonieuses.

Dès l'acquisition du terrain, les frères et sœurs Chevalier étaient convenus de règles très strictes définissant «l'alignement du côté des jardins de la face des maisons», avec des façades qui devaient se situer à «26 toises de l'alignement de la rue». Chaque propriétaire ne pouvait construire qu'un «avant-corps de bâtiment de 4 pouces au milieu de la face de chaque maison». Après la fin des travaux, Anne Le Vieux et son frère signent un second accord sous seing privé définissant les autres servitudes des constructions. Madame Le Vieux s'engageait, dans le cas où elle aurait souhaité édifier une nouvelle aile, à ne la bâtir que «du côté de la main gauche de [s]a place en entrant par la rue Saint-Honoré». Le président Louis Chevalier s'engageait pour sa part à ne construire que du «côté de main droite... de sorte que le mur mitoyen servant de clôture et séparant [les] deux cours ne soit élevé que de neuf pieds de haut [2,90 mètres] sans chaperon».

Une friche ombragée...

Vers l'automne 1713, Chevalier confia la construction de deux hôtels à l'entrepreneur Pierre Grandhomme, fort réputé dans le faubourg, qui cumulait les fonctions de promoteur et d'architecte.

Si les deux plans sont quasiment identiques, l'hôtel Le Vieux, qui abrite aujourd'hui le Cercle Interalllié, reste toutefois plus sobre par ses décors et le dessin des baies, sans doute à cause du statut de veuve de son occupante. L'architecte et théoricien Blondel, se référant au XVIIe siècle, trouvait d'ailleurs cette sévérité architecturale excessive, notamment pour la façade sur jardin. Dans cet hôtel austère, Mme Le Vieux recevait et menait, cependant, grand train. Elle avait ordonné des écuries pour vingt-deux chevaux, contre seize seulement pour son frère. Elle perpétua la coutume des fêtes joyeuses jusque vers 1750.

De 1718 à 1724, le quartier connaît un bouleversement complet, attirant également des petits commerces et des maisons plus modestes. La spéculation devient telle qu'en 1724 Louis XV interdit toute nouvelle construction en dehors de la zone déjà urbanisée. Un comptage des bâtiments est alors effectué, et, pour la première fois, les maisons doivent porter un numéro gravé au bas du mur à droite de la porte cochère. Le futur Cercle Interallié reçoit alors le numéro 10.

Une demeure promise à un grand avenir...

Dans ces mêmes années, à l'actuel n° 55 de la rue du Faubourg-Saint-Honoré, commença l'édification d'une autre belle demeure destinée à Louis Henri de La Tour d'Auvergne, comte d'Évreux. En 1773, un financier transforma cet hôtel en un magnifique palais qui revint à la duchesse de Bourbon-Condé en 1787 et prit le nom d'Élysée-Bourbon.

L'hôtel de l'Élysée ainsi que l'hôtel Le Vieux sont de beaux exemples du style classique «adouci». La façade côté jardin de ce dernier comporte, comme celle de l'Élysée, 33 fenêtres et portes-fenêtres. Au-dessus de l'étage noble, 11 fenêtres plus petites sont réparties sur la façade, les 3 de la partie centrale sont surmontées d'un fronton ouvragé. Toutes ces ouvertures – caractéristiques du style Régence – sont ornées d'un mascaron ou d'une pierre de clé de voûte sculptés. Traditionnellement, l'ornementation est toujours plus riche côté jardin que côté cour. Le tout a belle allure avec ses larges frondaisons et sa coulée de verdure qui se prolonge jusqu'à l'avenue Gabriel.

L'hôtel de l'Élysée ainsi que l'hôtel Le Vieux sont de beaux exemples du style classique «adouci».

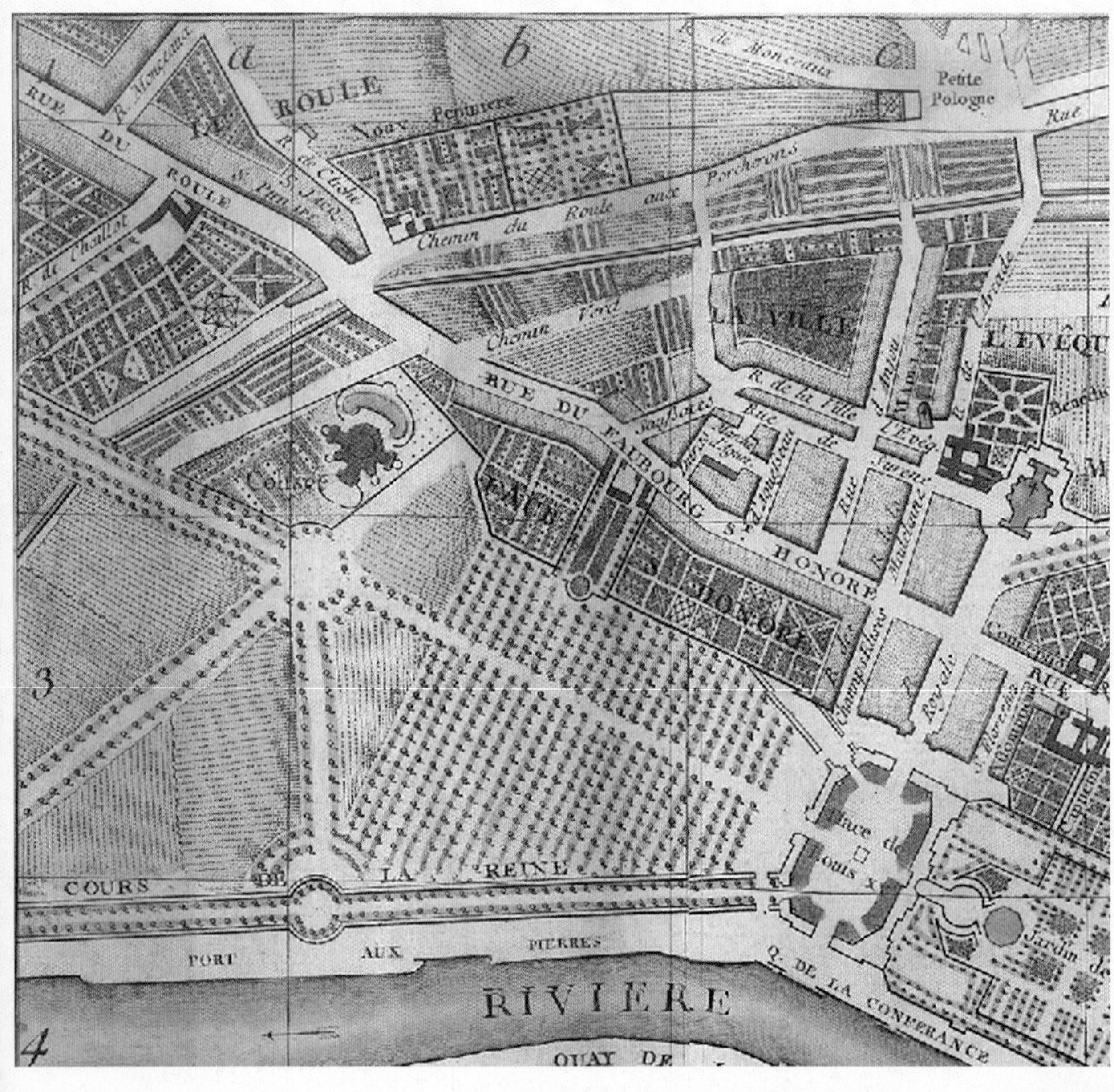

Carte du faubourg Saint-Honoré vers 1780. La place Louis XV, future place de la Concorde, a été inaugurée en 1763 ; en revanche, l'avenue Gabriel n'est pas encore prolongée jusqu'à la place. L'hôtel Le Vieux, futur Cercle Interallié, figure au niveau du «O» de «Saint-Honoré», entre la rue d'Aguesseau et la rue d'Anjou. Plus loin sur la gauche, au niveau du «B» de «faubourg», on reconnaît le futur palais de l'Élysée à son jardin se terminant en demi-lune, dessiné sous Mme de Pompadour. Au nord du faubourg, les vastes espaces verts de la pépinière du roi, qui restera en activité jusqu'en 1827.

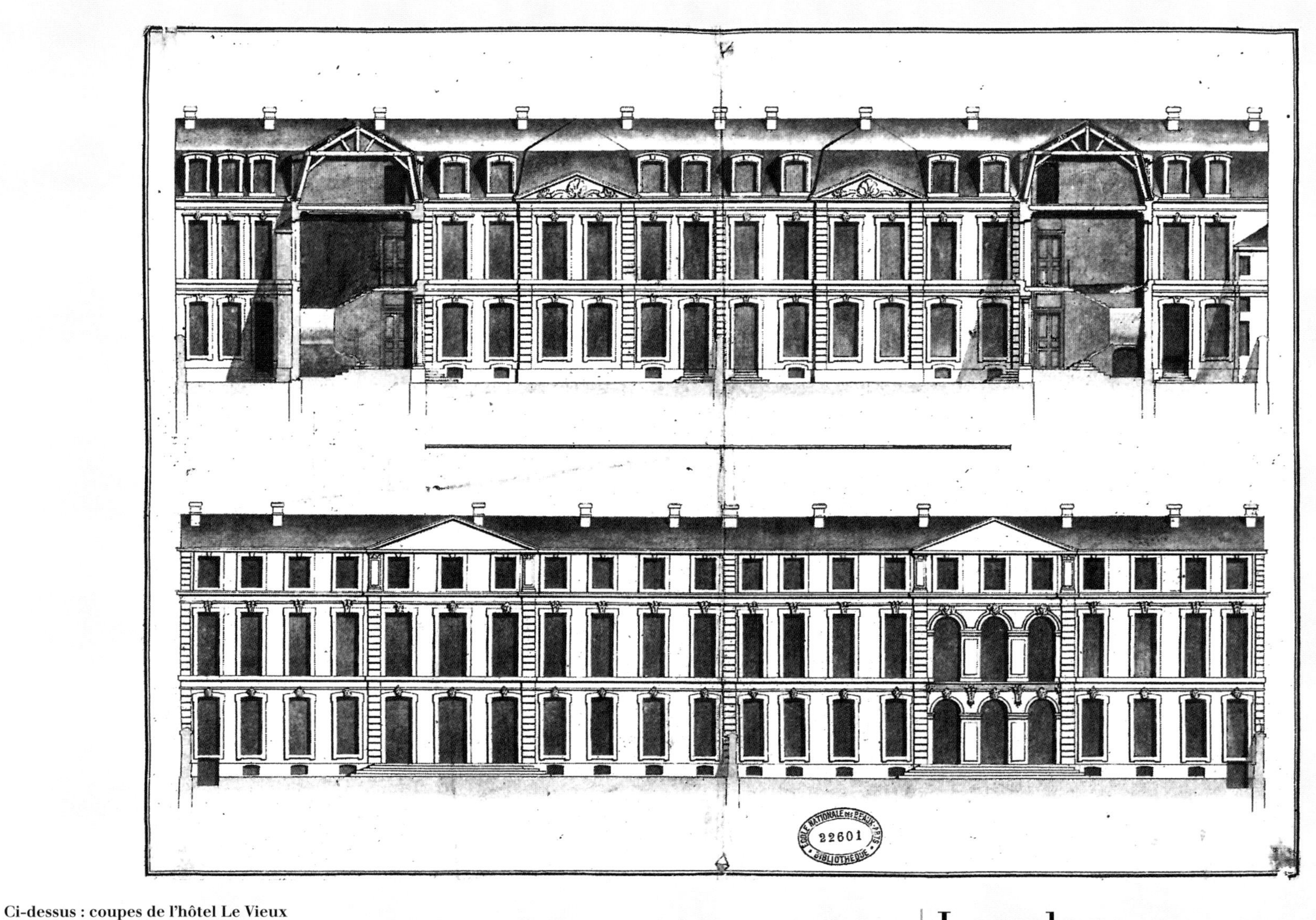

Ci-dessus : coupes de l'hôtel Le Vieux et de l'hôtel Chevalier de Montigny lors de leur construction, gravées par Mariette. Ici, les façades sur cour et jardin avant les travaux d'embellissement du XIXe siècle.

Ci-dessous : élévation sur cour et jardin des hôtels Le Vieux et Chevalier de Montigny, gravure de Chevotet. Ici, le porche d'entrée et la façade donnant sur le faubourg Saint-Honoré côté cour.

Les plans de l'hôtel du Cercle Interallié, aujourd'hui conservés au musée Carnavalet, vont influencer le style du faubourg Saint-Honoré.

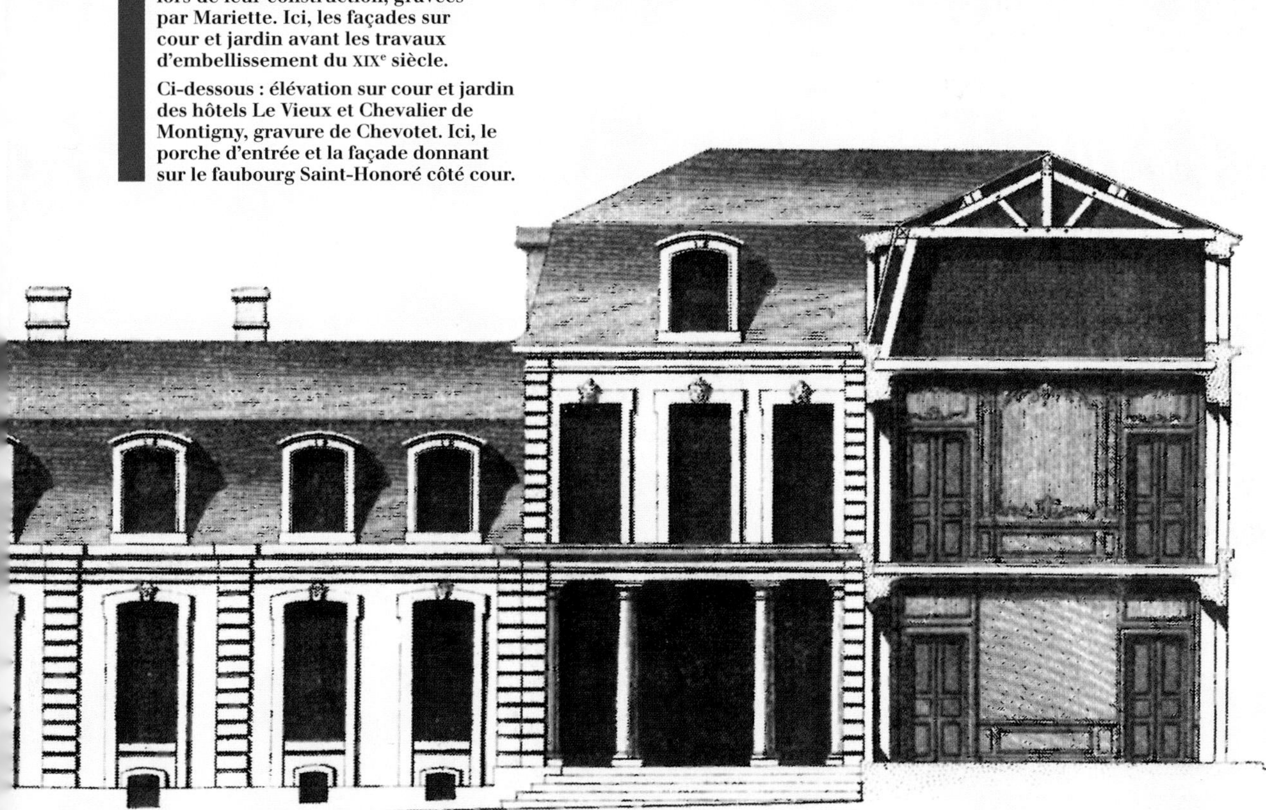

Le faubourg des fermiers généraux

Le XVIIe siècle avait été royal, le XVIIIe est aristocratique. La société se transforme et s'élargit et, dans ces années-là, Versailles ne donne plus le ton : c'est Paris qui lance les modes. Les constructions se poursuivent sur le faubourg Saint-Honoré, toujours plus élégant. Mme Le Vieux laisse une seule héritière, sa nièce Marguerite Le Gendre qui revend l'hôtel le 18 octobre 1746 à un autre fermier général, Étienne Perrinet de Jars, ancien secrétaire du roi, dirigeant de la Compagnie des Indes lorsqu'il emménage dans l'hôtel qui prend alors son nom. Les courriers destinés à la famille Perrinet portent l'adresse «À l'entrée du faubourg Saint-Honoré».

Le fermier général Perrinet souhaite donner à l'hôtel le lustre qui convient à un personnage de sa fortune et de son rang. Il confie ainsi d'importants travaux d'embellissement à l'architecte Chevotet. Perrinet de Jars va ensuite doter sa demeure d'une décoration et d'un mobilier somptueux. Au rez-de-chaussée, quatre ovales de François Boucher vont faire la réputation de l'hôtel pour au moins un siècle. Ils voisinent avec des bronzes précieux ou encore un lustre de cristal monumental évalué à trois fois la valeur des Boucher ! Il faut citer aussi l'inestimable mobilier de Boulle qui témoigne du goût du collectionneur. Enfin, c'est Perrinet de Jars qui négociera l'autorisation de creuser un fossé au fond du jardin et d'élever une barrière sur l'avenue Gabriel.

Lorsque Mme Perrinet de Jars meurt le 11 octobre 1788, c'est son gendre, le marquis de Langeron, qui s'installe dans l'hôtel à un moment où les tensions prérévolutionnaires s'accumulent dans la capitale. Contrairement à ses deux voisins, l'hôtel ne sera saisi que très brièvement, puis mis sous séquestre, et ses propriétaires continueront à occuper les lieux.

Les vicissitudes de l'Empire

Le 12 janvier 1793, juste avant que la Convention ne déclare Louis XVI coupable de conspiration contre la liberté, l'hôtel devient propriété de la famille Amelin. La bâtisse est alors considérée comme un excellent immeuble de rapport. Il n'est pas rare que huit à dix locataires partagent les lieux, payant parfois leur loyer en quintaux de blé en ces temps de défiance envers le papier-monnaie. L'intérieur est divisé en plusieurs appartements : deux au rez-de-chaussée, trois au premier étage, cinq petits logements au second ainsi que des logements pour domestiques, de grandes caves voûtées pour le bois et le vin, un très beau jardin planté de deux grandes allées de tilleuls et un grand nombre d'arbres fruitiers très productifs.

En 1746, l'hôtel prend le nom d'Étienne Perrinet de Jars, ancien secrétaire du roi, dirigeant de la Compagnie des Indes.

En 1812, année de la campagne de Russie, Amelin revend à son tour l'hôtel au comte Decrès, ministre de la Marine de Napoléon Ier. Celui-ci, fort ambitieux, avait su gagner les faveurs de Napoléon, ce qui lui valut une exceptionnelle longévité puisqu'il demeura en fonction d'octobre 1801 à mars 1814. L'Empereur le fit duc en 1813, à l'occasion de son mariage avec la nièce de Joseph Bonaparte, qui n'était autre que sa voisine, propriétaire du 31, rue du Faubourg-Saint-Honoré.

Pendant leur mariage, les deux demeures sont pour ainsi dire «jumelées» puisque le couple conserve la propriété et l'usage des deux hôtels. À partir de 1818, le duc Decrès établit sa résidence permanente au 33, rue du Faubourg-Saint-Honoré, où il allait être le héros malheureux d'une étrange machination qui défraya la chronique. Après avoir assisté à un spectacle à la Comédie-Française, le 22 novembre 1820, il rentra chez lui, et son valet de chambre l'accompagna dans ses appartements vers 23 heures. Deux heures plus tard, deux violentes explosions secouèrent tout l'hôtel, projetant le duc Decrès hors de son lit et le blessant à la jambe. On trouva dans le matelas de son lit une grosse quantité de poudre. Il appela son valet par le cornet acoustique. Ce dernier trouva à peine le temps de lui répondre que lui aussi était victime d'une explosion avant de tomber, défenestré, dans la cour. La police, les pompiers et tous les voisins, dont plusieurs ministres, accoururent dans la cour de l'hôtel. Le valet de chambre décéda peu après et fut déclaré coupable de vol et de tentative de meurtre par la police qui garda secrets les détails de l'affaire. De façon inattendue, l'état de l'amiral empira brusquement et entraîna sa mort le 7 décembre 1820. Une enquête ultérieure aurait démontré depuis que cet attentat avait été fomenté par la police secrète du ministère de l'Intérieur…

À droite : armoiries de la florissante Compagnie des Indes orientales fondée par Colbert, et qui assura la fortune d'Étienne Perrinet de Jars.

Ci-dessous, à gauche : portrait d'Étienne Perrinet de Jars (1670-1762), ancien secrétaire du roi et dirigeant de la Compagnie des Indes, d'après Maurice Quentin de La Tour.

Ci-dessous, à droite : portrait de l'amiral duc Denis Decrès (1761-1820) réalisé par René-Théodore Berthon vers 1806.

Prise de vue de l'entrée du futur Cercle Interallié réalisée en 1902 par le célèbre photographe Eugène Atget.

Heurtoir du portail d'entrée représentant Poséidon.

1902, les premières photographies du futur Cercle Interallié.

Eugène Atget est le premier photographe à avoir immortalisé la façade de l'hôtel alors occupé par la famille Rothschild.
Ci-contre : la façade ne comporte encore qu'un seul étage et l'éclairage de la rue se fait par un réverbère au gaz. Le long temps de pose a imprimé la silhouette d'une passante.

La façade sur rue aujourd'hui, après les travaux d'élévation de 1930. Le portail et le porche ont, en revanche, conservé leurs caractéristiques initiales.

Ci-dessus : un dîner d'apparat à l'ambassade de Russie.

À gauche : portrait de Paul Kisselev, ambassadeur du tsar à Paris, par Franz Krüger.

Ci-dessous : le départ du comte Kisselev, ambassadeur de Russie rappelé en 1853.

Un quartier ouvert aux cultures étrangères

Au début du XIXe siècle, le faubourg Saint-Honoré devient un quartier emblématique de Paris, celui de l'aristocratie libérale ouverte aux cultures étrangères, égalant en notoriété «l'autre» faubourg, celui de Saint-Germain.

Les fastueux hôtels particuliers font vivre un grand nombre d'artisans et de métiers d'art, qui s'installent juste en face de leurs commanditaires. On y trouve des tapissiers, des antiquaires, des orfèvres, des brodeuses et même des loueurs de matériel pour réception. C'est probablement la première raison de l'installation des maisons de luxe dans la rue, héritières de cet artisanat prestigieux. C'est ainsi que le faubourg est devenu le lieu privilégié d'installation des ambassades, et notamment la très en vue ambassade de Russie qui s'installe au 33, rue du Faubourg-Saint-Honoré, dans ce que l'on appelle alors l'hôtel Decrès du nom de sa propriétaire, la veuve du duc Decrès, ministre de la Marine de Napoléon Ier. Ayant renoncé à vivre seule dans cette grande maison qui porte officiellement depuis 1848 le numéro 33, la duchesse Decrès finit par la louer en 1849 à l'ambassade de Russie qui occupera l'hôtel jusqu'en 1864.

Les fastueux hôtels particuliers font vivre un grand nombre d'artisans et de métiers d'art.

L'éclat de l'ambassade de Russie

Le «33» s'est trouvé au cœur de la construction du faubourg Saint-Honoré, mais c'est au milieu du XIXe siècle, avec l'installation de l'ambassade de Russie, qu'il devient un lieu important de la politique et de la diplomatie européenne, au cœur du rayonnement culturel de la capitale. Pendant ces années, il est le théâtre d'intenses négociations, et le point de mire d'une partie de la diplomatie européenne, en particulier en raison de la personnalité exceptionnelle des deux ambassadeurs qui s'y sont succédé : Nicolas Kisselev, le signataire du bail, puis, après la guerre de Crimée, son frère, le très influent Pavel, ou Paul Kisselev. Lorsqu'en 1853 éclate la guerre de Crimée, l'ambassadeur et son personnel sont rappelés en Russie : pendant quatre ans, l'hôtel ne sera occupé que par un consul russe expédiant les affaires courantes. En 1857, l'ambassade sera ouverte à nouveau par Paul Kisselev, brillant homme d'État francophile. Général à 29 ans, proche des tsars Alexandre Ier et Nicolas Ier, il s'est fait remarquer par ses dons d'administrateur hors pair et par son engagement libéral, notamment en faveur de l'abolition du servage. Honni par une partie de l'aristocratie, il est nommé loin du pouvoir, à Paris, après la guerre de Crimée. Sous l'influence des Kisselev, l'ambassade russe était devenue un véritable pôle culturel accueillant artistes, intellectuels et hommes politiques. C'était un salon où le Tout-Paris se pressait. Victor Hugo alla même jusqu'à composer pour l'ambassadeur un calembour – qui amusa beaucoup : «J'aime bien Monsieur Kisselev, mais je préfère Madame *Quisecouche*.» Toutefois, la vacance de l'ambassade pendant la guerre de Crimée (1853-1856) n'avait pas été sans poser problème pour l'entretien des lieux au coût trop élevé pour Mme Decrès qui avait, en particulier, assumé la moitié des frais d'installation du gaz. Il avait fallu également négocier avec la préfecture le sort du fossé qui séparait le jardin de l'avenue Gabriel. Celui-ci fut finalement préempté par la municipalité, qui interdit dès lors la construction de bâtiments autres que des loges de gardien. Mis en vente, l'hôtel fut acheté par Nathaniel de Rothschild en 1856.

Le temps des mécènes

Né à Londres, Nathaniel avait rejoint la branche française de la famille pour travailler avec son oncle James, dont il avait épousé la fille Charlotte, sa cousine germaine. Celle-ci est une artiste qui exposera régulièrement ses aquarelles au Salon de Paris, ainsi que la mécène de nombreux peintres et musiciens, comme ses parents l'avaient été pour Rossini, Chopin, Balzac, Delacroix… Elle apprit à jouer du piano avec Chopin, qui lui offrirait en guise de cadeau de mariage sa célèbre *Ballade en fa mineur*. Après son mariage, elle poursuivit la tradition familiale de mécénat, achetant des Corot, Fantin-Latour, Manet, soutenant Saint-Saëns et Bizet... De son côté, Nathaniel acquit, pour l'hôtel du faubourg Saint-Honoré, de précieux meubles Louis XV et Louis XVI, dont de superbes commodes Boulle, et de la porcelaine de Sèvres.

Charlotte et Nathaniel de Rothschild avec leur premier enfant dans les salons de l'hôtel du faubourg Saint-Honoré.

Page de droite : la baronne Charlotte de Rothschild posant devant un des tableaux de sa somptueuse collection. Portrait de Jean-Léon Gérôme, musée d'Orsay, 1866.

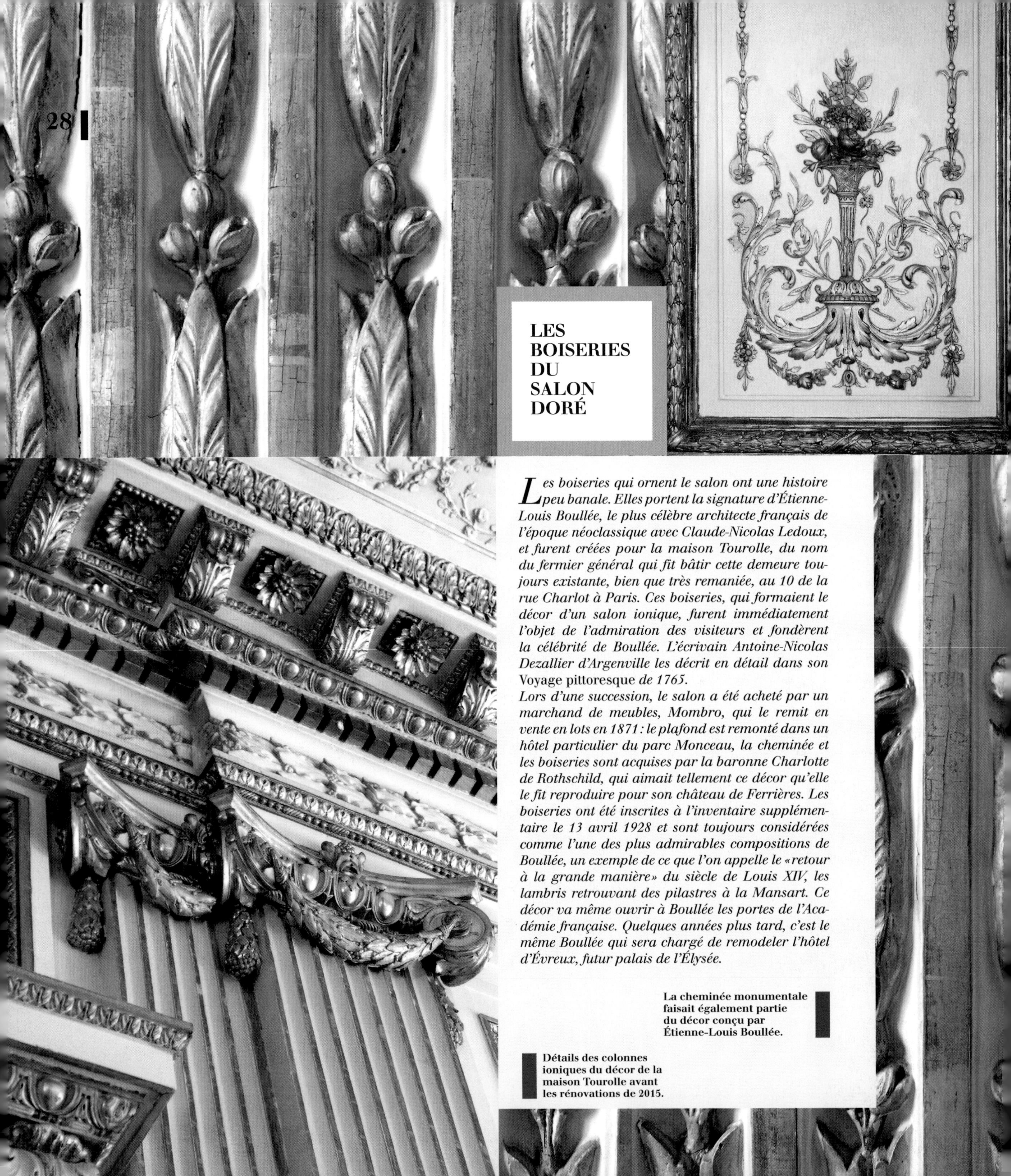

LES BOISERIES DU SALON DORÉ

Les boiseries qui ornent le salon ont une histoire peu banale. Elles portent la signature d'Étienne-Louis Boullée, le plus célèbre architecte français de l'époque néoclassique avec Claude-Nicolas Ledoux, et furent créées pour la maison Tourolle, du nom du fermier général qui fit bâtir cette demeure toujours existante, bien que très remaniée, au 10 de la rue Charlot à Paris. Ces boiseries, qui formaient le décor d'un salon ionique, furent immédiatement l'objet de l'admiration des visiteurs et fondèrent la célébrité de Boullée. L'écrivain Antoine-Nicolas Dezallier d'Argenville les décrit en détail dans son Voyage pittoresque *de 1765.*

Lors d'une succession, le salon a été acheté par un marchand de meubles, Mombro, qui le remit en vente en lots en 1871 : le plafond est remonté dans un hôtel particulier du parc Monceau, la cheminée et les boiseries sont acquises par la baronne Charlotte de Rothschild, qui aimait tellement ce décor qu'elle le fit reproduire pour son château de Ferrières. Les boiseries ont été inscrites à l'inventaire supplémentaire le 13 avril 1928 et sont toujours considérées comme l'une des plus admirables compositions de Boullée, un exemple de ce que l'on appelle le « retour à la grande manière » du siècle de Louis XIV, les lambris retrouvant des pilastres à la Mansart. Ce décor va même ouvrir à Boullée les portes de l'Académie française. Quelques années plus tard, c'est le même Boullée qui sera chargé de remodeler l'hôtel d'Évreux, futur palais de l'Élysée.

La cheminée monumentale faisait également partie du décor conçu par Étienne-Louis Boullée.

Détails des colonnes ioniques du décor de la maison Tourolle avant les rénovations de 2015.

Le salon doré après les travaux de restauration de 2015.

La naissance de l'hôtel moderne

Dès leur prise de possession de l'hôtel, Nathaniel et Charlotte lancèrent d'importants travaux d'aménagement pour moderniser les lieux, ayant tous deux une vraie culture artistique et un goût raffiné. Ils décident de faire de leur hôtel du faubourg un écrin parfait pour leurs collections; la baronne de Rothschild n'hésite pas, alors, à débourser une somme importante pour acquérir les fameuses boiseries de l'hôtel de Tourolle, rue Charlot, qui sont remontées dans le grand salon.

Les Rothschild confient les travaux à deux architectes de la famille, Robillard et Émile Petit. La cour est modifiée et reprend une disposition originelle de l'hôtel Le Vieux, installant le corps de logis principal dans l'aile en retour. Le parti pris initial de sobriété est conservé, toujours avec peu d'ornementations. Le fronton du corps central est simplement agrémenté d'une coquille et de cornes d'abondance; des pilastres doriques et ioniques encadrent respectivement les baies du rez-de-chaussée et de l'étage.

Plus originale est la galerie qui occupe la largeur de la cour, à laquelle on accédait par une antichambre ouvrant sur une serre au nord de la cour. Percée de six baies, la galerie possédait en son centre une niche ornée d'une coquille et de roseaux, devant laquelle avait été placée une copie de la Vénus de Milo. La façade sur jardin reste peu ou prou celle de la construction initiale. Les seules modifications apportées sont la décoration des baies de l'avant-corps central au premier étage avec des harpes, des mandolines, des flûtes... en hommage aux goûts musicaux de la baronne Charlotte. Entre les baies sont placés deux bustes représentant Charlotte de Rothschild, toujours présents aujourd'hui. La décoration intérieure était dans le goût du XVIIIe siècle, avec de nombreuses pièces de mobilier Louis XVI achetées chez les meilleurs antiquaires. Les visiteurs de l'époque admirent la serre décorée de soie grise et de bouquets de lilas, les chaises tapissées de soie cerise de la galerie où Nathaniel a placé sa collection de peintres flamands. De cette galerie, on accédait au grand salon, où la baronne de Rothschild fit installer les boiseries de l'hôtel de Tourolle. Dans la salle à manger étaient conservées les collections de porcelaine de Sèvres. Les appartements privés occupaient le premier étage, meublé également en style Louis XVI, avec une décoration murale beaucoup plus riche que le rez-de-chaussée.

Henri de Rothschild, un personnage hors norme

La passion et la générosité de Charlotte seront partagées par son fils, mais aussi par son petit-fils, Henri de Rothschild, personnage extraordinaire, un des derniers exemples d'«honnête homme», au sens du XVIIe siècle: curieux de tous les savoirs, distingué, courtois et érudit. Médecin et auteur de nombreuses publications, philanthrope, entrepreneur audacieux[1], il était également passionné par le théâtre, pour lequel il signa plus de 20 pièces. Dès la déclaration de la guerre en août 1914, Henri, accompagné de sa femme Mathilde et de sa mère, se met au service des combattants et des blessés, installant des hôpitaux de campagne. Quand il est informé du projet du Cercle Interallié, il propose de mettre une partie de l'hôtel à la disposition des fondateurs.

En pleine tourmente de la Première Guerre mondiale, une nouvelle histoire s'écrit alors dans l'hôtel du 33, rue du Faubourg-Saint-Honoré, sans toutefois renier l'héritage du président Chevalier. En effet, dans leur mémoire daté du 31 décembre 1925, le comte Martial de Pradel de Lamaze et le maréchal Foch précisent que «bien des changements se sont produits [dans ce lieu] depuis 1713, mais les mânes du président Chevalier et de Mme Le Vieux doivent se réjouir de voir se perpétuer les magnificences d'antan». Cent fois remanié, l'hôtel est resté fidèle à l'esprit de ses premiers propriétaires, qui reconnaîtraient encore chaque pierre de la façade et les salons donnant sur le perron du jardin.

Henri de Rothschild, personnage extraordinaire, un des derniers exemples d'«honnête» homme, au sens du XVIIe siècle.

1. Henri de Rothschild recevait en effet ses patients quelques heures par semaine dans son hôtel, il soutint les travaux de Pierre et Marie Curie et lança également les autos Unic.

Ci-dessus : cette photo de groupe prise le 22 février 1919 lors de la visite du prince de Galles (au centre en uniforme) est emblématique car elle réunit Henri de Rothschild et les principaux fondateurs. On reconnaît ainsi, outre le baron de Rothschild (2e à droite, portant la barbe et un livre sous le bras), le comte de Beaumont (4e à droite), Arthur Meyer (5e), Jules Cambon (6e), le vice-amiral Fournier en uniforme (2e à droite du prince de Galles), Léon Bourgeois (à gauche du prince de Galles), le comte de Fels (à gauche de Léon Bourgeois).

Ci-contre : une caricature bienveillante d'Henri de Rothschild illustrant ses multiples activités philanthropiques, scientifiques, littéraires et entrepreneuriales (1907).

Page de gauche : le grand escalier.
Page de droite : le hall d'entrée.

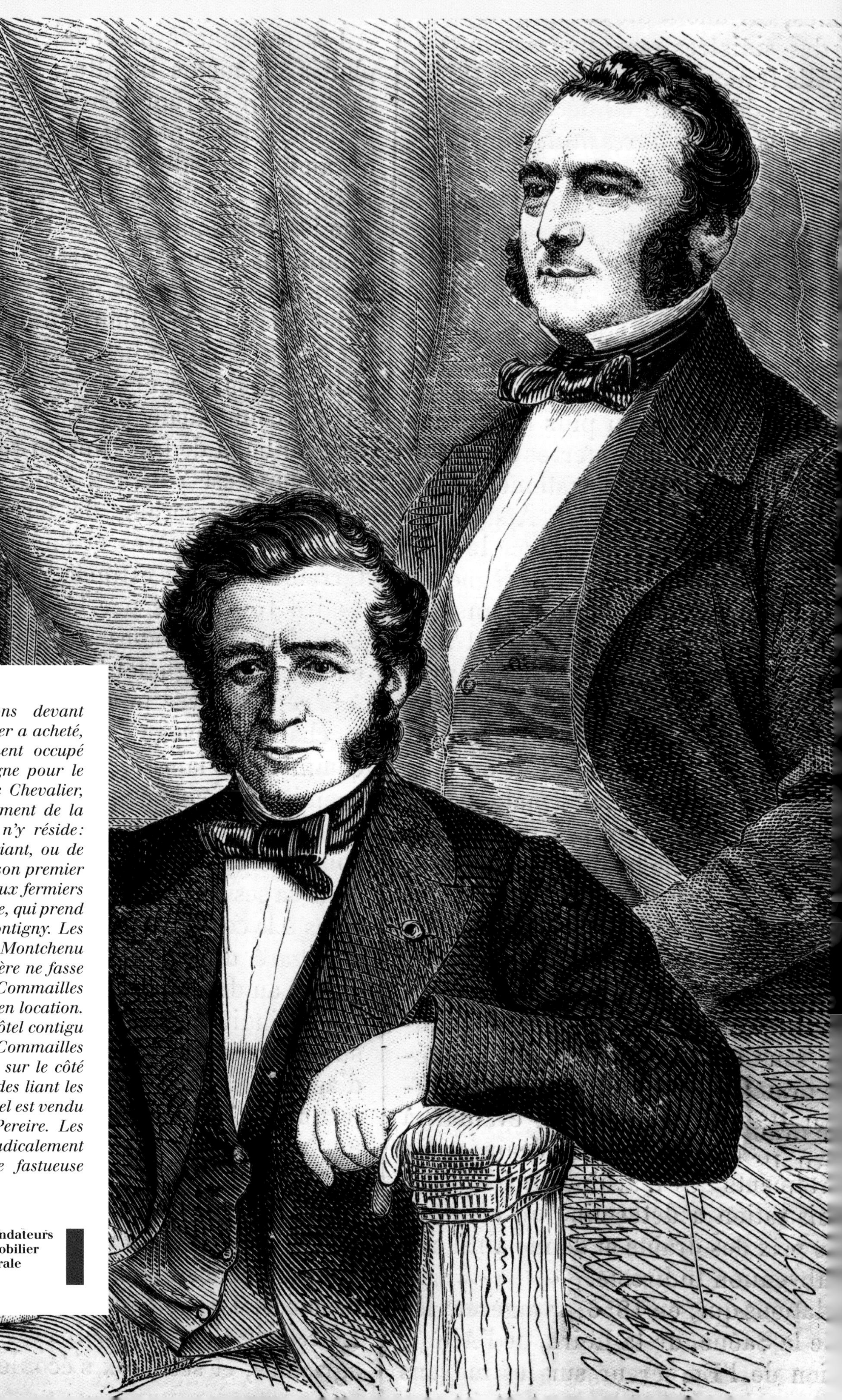

LE 35, FAUBOURG SAINT-HONORÉ, L'HÔTEL JUMEAU

Comme l'attestent ses déclarations devant notaire, le président Louis Chevalier a acheté, puis fait construire l'hôtel actuellement occupé par la chancellerie de Grande-Bretagne pour le compte de son frère, Philibert-Antoine Chevalier, seigneur de Montigny. Après l'achèvement de la construction, aucun des deux frères n'y réside: l'hôtel est loué au marquis de Goisbriant, ou de Guébriant, qui a donné à la demeure son premier nom. Ce n'est que vers 1744 que les deux fermiers généraux s'installent dans leur demeure, qui prend alors le nom d'hôtel Chevalier de Montigny. Les héritiers le céderont ensuite aux frères Montchenu en 1791, avant qu'une saisie immobilière ne fasse passer la propriété au futur baron Commailles qui mettra les différents appartements en location. Plusieurs conflits de voisinage avec l'hôtel contigu se terminent devant les tribunaux: M. Commailles avait, entre autres, fait bâtir une aile sur le côté ouest du jardin, au mépris des servitudes liant les deux hôtels jumeaux. Finalement, l'hôtel est vendu en 1855 aux frères Jacob et Isaac Pereire. Les célèbres financiers vont transformer radicalement le vieil hôtel des Chevalier en une fastueuse demeure second Empire.

Isaac et Jacob Pereire, fondateurs de la Société de Crédit mobilier et de la Compagnie générale transatlantique, 1852.

LE 31 DU FAUBOURG, DES ORS DE L'EMPIRE À L'ARCHITECTURE JAPONAISE

Lorsque Anne Ollier renonce à son terrain, celui-ci est racheté par Louis Blouin, Premier valet de chambre du roi, pour y bâtir un hôtel somptueux. Mis sous séquestre pendant la Révolution française, vidé de tout son mobilier, l'hôtel sera restitué à ses propriétaires avant d'être mis en location. Il sera finalement acheté par Joseph Bonaparte, qui le transformera, avec l'appui de Napoléon, en une fastueuse demeure. Le futur empereur, qui n'était pas encore propriétaire de l'Élysée, aimait se rendre dans l'hôtel surnommé «le palais du roi d'Espagne». C'est là que fut ainsi signé le concordat entre la France et le Vatican en 1801. Joseph Bonaparte le cède à sa nièce, qui continuera à l'occuper après son mariage avec le duc Decrès, son voisin du numéro 33. L'hôtel reviendra ensuite au maréchal Suchet, duc d'Albufera, avant d'être négligé pendant de longues années après la chute de l'Empire. À la suite de son rachat en 1887 par le comte Pillet-Will, régent de la Banque de France, celui-ci préférera raser le bâtiment pour bâtir un nouvel hôtel à la hauteur de sa fortune, dans le style néo-Louis XV.

Comme sa voisine de l'époque, la baronne Charlotte de Rothschild, le comte Pillet-Will est un fervent collectionneur, et l'aménagement de sa demeure est loué par tous les visiteurs.

Après les années 1930, l'hôtel entre dans une phase de déclin. Le gouvernement japonais s'en porte acquéreur en 1965. Deux ans plus tard, l'hôtel est détruit à l'exception du bâtiment sur rue, pour faire place à une construction moderne en verre et aluminium confiée à l'architecte japonais Junzo Sakakura, un ami de Charlotte Perriand. La célèbre architecte et designer travaillera avec lui pendant près de cinq ans sur ce chantier. Construite entre les deux murs mitoyens, cette création symbolisait le Japon moderne avec des parois coulissantes, un mur-rideau signé Jean Prouvé et un mobilier semi-fixe de Perriand. Très ambitieux, le projet est cependant revu à la baisse à cause de l'introduction de la TVA en 1968 et de l'inflation. Dans une édition augmentée de l'Histoire du vandalisme, les monuments détruits de l'art français, *parue en 1994, Michel Fleury regrette l'ancien hôtel Pillet-Will, dont il ne reste plus que le portail sur rue, petit bijou de l'architecture* XVIII*e siècle, inscrit aux Monuments historiques.*

Il est à noter que l'hôtel Pillet-Will n'est pas le seul à avoir disparu: depuis le XIX*e siècle, de nombreux hôtels particuliers ont été détruits ou remaniés dans le faubourg. L'hôtel de Beauvau et l'hôtel de La Vaupalière ont été totalement transformés, l'hôtel Chevalier a été reconstruit par les Pereire, la folie Beaujon a disparu, remplacée par l'hôtel Rothschild en 1880, l'hôtel Grimod de La Reynière a été reconstruit en style 1930 par les États-Unis. Malgré cela, le faubourg Saint-Honoré a conservé une élégance et une allure uniques admirées dans le monde entier.*

En haut: la façade sur jardin de l'hôtel Pillet-Will.
En bas: la nouvelle façade sur cour de l'hôtel Pillet-Will conçue par l'architecte japonais Junzo Sakakura, après la démolition en 1967.

LES JARDINS DU FAUBOURG SAINT-HONORÉ

Si l'architecture classique a fait la renommée du faubourg, l'art des jardins n'est pas en reste. Dès le règne de Louis XIII, une première «pépinière royale» est créée au sein de ce quartier où prospèrent les horticulteurs, la nature des sols leur étant favorable et la Seine toute proche. La création de la promenade des Champs-Élysées va également pousser les architectes des parcelles du faubourg Saint-Honoré à intégrer des jardins dans leurs projets. Peu à peu, les anciens jardins utilitaires sont remplacés par des jardins d'agrément. Comme les terrains – à l'exception de l'hôtel d'Évreux – sont plutôt étroits, les jardins sont en général composés de parterres d'une seule pièce. Des bosquets sont habituellement plantés aux confins de l'avenue Gabriel. Le jardin le plus admiré au XVIII*e siècle est celui de l'hôtel de Brunoy, au 45, rue du Faubourg-Saint-Honoré, où l'architecte Boullée, l'auteur des boiseries installées aujourd'hui à l'Interallié, a imaginé une promenade souterraine menant à un jardin luxuriant.*

*Il faudra attendre la III*e *République pour que les jardins de ville redeviennent une passion parisienne et que des architectes paysagistes renommés, tel Achille Duchêne, redonnent un nouveau souffle aux jardins des hôtels particuliers. La revue* L'Illustration, *qui consacre en 1931 une page aux travaux d'aménagement du Cercle Interallié, fait l'éloge de la terrasse aménagée pour les beaux jours.*

Le cadre bucolique des jardins des Champs-Élysées, vers 1718. Tableau d'Antoine Watteau.

LA RIVALITÉ IMPITOYABLE ENTRE LE 33 ET LE 35, FAUBOURG SAINT-HONORÉ

Si aujourd'hui les relations entre le Cercle et l'ambassade de Grande-Bretagne sont excellentes, les deux demeures ont vécu pendant plusieurs décennies une compétition acharnée dont le Tout-Paris s'est fait l'arbitre. Lorsque les frères Pereire décident de s'installer eux aussi au faubourg Saint-Honoré, ils sont mus par un intense désir de revanche envers les Rothschild, leurs anciens employeurs. Le hasard fait que le «35» est justement à vendre, juste à côté de l'hôtel de Nathaniel, dont un journal anglais dit que le portail est «assez grand pour laisser passer quatre grandes girafes marchant côte à côte». Émile et Isaac Pereire s'installent chacun à un étage et se lancent dans une débauche de travaux d'embellissement. Leurs fêtes sont d'un luxe ostentatoire et ils mettent un point d'honneur à acheter sans compter les plus belles œuvres d'art. Un jour, faisant visiter sa demeure, Isaac Pereire avouera que c'est «trop», trop d'or, trop de richesses exposées…

Cette course effrénée culminera avec l'achat par Nathaniel du château Mouton Rothschild. Aussitôt, les Pereire se portèrent acquéreurs de celui du Cheval Blanc, payant le domaine trois fois son prix selon les observateurs de l'époque. Comme on peut l'imaginer, la presse fit ses choux gras de ce feuilleton: «Conçues sur le même plan et nées ensemble, elles étaient sœurs jumelles, et leurs jardins faisaient si bien la paire que des arbres de même essence y entremêlaient leurs branchages pour cacher la séparation. Les deux cours n'étaient séparées que par un mur, encore debout, dont le peu d'élévation suffit à rappeler une fraternité, démentie par la dissemblance actuelle des bâtiments… Par malheur, il ne reste plus que la moitié de cette construction géminée... Dans l'autre moitié, M. Émile Pereire a dérangé la superbe ordonnance qu'aucune servitude, il est vrai, ne l'obligeait à respecter, et il a satisfait ses propres goûts au détriment du goût. La vue que sa nouvelle demeure a conservée sur l'ambassade n'est que trop payée de retour[2].»

2 Charles Lefeuve, *Histoire de Paris rue par rue, maison par maison*, t. III, C. Reinwald et Cie, Paris, 1875.

La façade sur jardin aujourd'hui, où l'on peut toujours admirer les deux bustes de la baronne Charlotte.

2 L'INVENTION DU CERCLE

Une impérieuse nécessité

«PAR DES SACRIFICES SANS PRÉCÉDENT, LES PUISSANCES DE L'ENTENTE ONT ASSURÉ LEUR JUSTE TRIOMPHE DANS LA PLUS DURE DES GUERRES. IL FAUT, PENDANT LA PAIX, QUE LEUR UNION SE MAINTIENNE DANS UN SOUVENIR D'IMPÉRISSABLE GLOIRE POUR LEUR SALUT COMMUN ET POUR LA SÉCURITÉ DU MONDE. JE L'AI DIT, ET C'EST TOUJOURS MA CONVICTION. C'EST À CELA QUE TRAVAILLE L'UNION INTERALLIÉE.» MARÉCHAL FOCH

«C'EST LA GUERRE, A DIT MARC DE BEAUMONT, QUI A FAIT NAÎTRE L'IDÉE DE NOTRE ASSOCIATION ; MAIS C'EST LA PAIX QUI EN A DÉMONTRÉ L'IMPÉRIEUSE NÉCESSITÉ.» IL N'Y A PAS DE MEILLEURE FORMULE POUR RÉSUMER LA RAISON D'ÊTRE DU CERCLE INTERALLIÉ.

n 1917, les visiteurs étrangers arrivant à Paris découvrent une capitale à l'apparence paradoxale. Les théâtres, les cabarets et les restaurants sont pleins à craquer, les rues et les promenades sont assaillies par les badauds – en un mot, la guerre semble ne pas exister. Certes, la pénurie de charbon et de vivres commence à se faire sentir, les métros ne circulent plus et les premiers tickets de rationnement ont vu le jour, mais Paris est encore indemne de tout bombardement, et rien ne semble indiquer que le front se trouve à moins de deux cents kilomètres. Le bouleversement le plus visible est l'afflux de milliers de soldats permissionnaires, composant un tableau bigarré d'uniformes de toutes nationalités.

Dans l'hôtel des Rothschild, les appartements ont pris des allures de «base arrière» des nombreuses œuvres d'Henri et de son épouse Mathilde, très occupés entre les différents hôpitaux créés par la famille, les centres d'aide à la population parisienne et le financement de recherches médicales. Comme l'attestent les archives Rothschild, des centaines de kilos de médicaments, de vêtements et de produits de première nécessité partent régulièrement du faubourg Saint-Honoré.

Henri de Rothschild connaît bien la situation des Alliés : c'est un personnage public de premier plan, qui fréquente les cercles de pouvoir européens et a été lui-même élevé entre Paris et Londres.

Page précédente : réception dans les jardins du Cercle Interallié au début des années 1920.

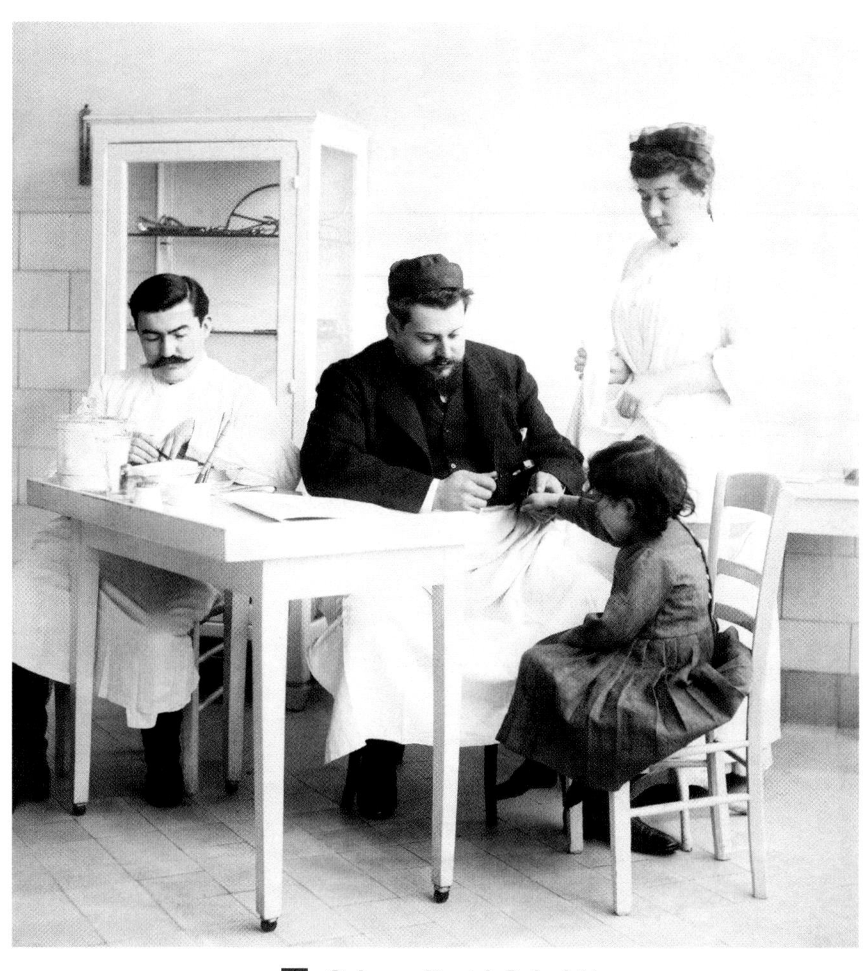

Ci-dessus : Henri de Rothschild en consultation dans un hôpital, 1903. Ci-dessous, à gauche : le comte Marc de Beaumont, à droite : Arthur Meyer.

Avant même leur arrivée, le nombre d'officiers étrangers à Paris dépasse largement la capacité d'accueil de l'ensemble des cercles parisiens.

Il a pu assister le 13 juin 1917 à l'arrivée des 177 premiers officiers américains conduits par le général John Pershing et acclamés place de la Concorde par une foule innombrable. Les Américains promettent deux millions d'hommes pour le début de l'année 1918, qui viendront soutenir les forces françaises, britanniques, australiennes, canadiennes, belges, italiennes, roumaines, serbes, grecques… Avant même leur arrivée, le nombre d'officiers étrangers à Paris dépasse largement la capacité d'accueil de l'ensemble des cercles parisiens, qui ne peuvent, malgré leur bonne volonté, offrir des services satisfaisants aux officiers et diplomates engagés aux côtés de l'Entente.

C'est le comte Marc de Beaumont qui va prendre l'initiative de constituer un cercle adapté aux nouveaux besoins engendrés par le conflit mondial. Le comte de Beaumont est alors le président de la jeune société SFR (Société française radio-électrique), l'ancêtre du groupe Thales, lancée en 1910 pour concurrencer Marconi et Telefunken. Il fréquente les milieux d'affaires et les cercles gouvernementaux et connaît le Tout-Paris. Son premier soutien est le vice-amiral Fournier, grande figure de la guerre de 1870 et membre de l'Académie des sciences. C'est grâce à lui que va se constituer le premier comité, avec le marquis de Bryas, Paul Dupuy, le fils du directeur du *Petit Parisien*, plus fort tirage de la presse d'alors, Arthur Meyer et Jean de Sillac.

Une mention particulière à Arthur Meyer, un des personnages les plus originaux de son époque : petit-fils de rabbin converti au catholicisme, combattant farouche de l'antisémitisme mais antidreyfusard, monarchiste sous la IIIe République, il dirige depuis 1882 *Le Gaulois*, le prestigieux journal conservateur. En 1917, Arthur Meyer est âgé de 72 ans, mais cela ne l'empêchera pas de s'impliquer fortement dans la création du Cercle Interallié, mobilisant toutes ses relations. Les fondateurs obtiennent

Le Petit Journal

ADMINISTRATION

15 CENT. SUPPLÉMENT ILLUSTRÉ 15 CENT.

ABONNEMENTS

29me Année Numéro 1.444

DIMANCHE 25 AOUT 1918

LE MARÉCHAL FOCH

Le Petit Journal

ADMINISTRATION

15 CENT. SUPPLÉMENT ILLUSTRÉ 15 CENT.

ABONNEMENTS

29me Année Numéro 1.457

DIMANCHE 24 NOVEMBRE 1918

DU BERCEAU A LA GLOIRE

1. Ferdinand Foch en 1863 -- 2. Foch, capitaine au 10e d'artillerie à Rennes. -- 3. La plus récente photographie du Maréchal. 4 et 5. La chambre et la maison où naquit Ferdinand Foch, rue St-Louis, à Tarbes. --- 6. La Maison familiale de Foch à Valentine (Haute-Garonne). -- 7. Le domaine du Maréchal Foch à Traoufeunteuniou, près de Morlaix.

Portraits du maréchal Foch, *Le Petit Journal*.

Ci-dessous : l'état-major du contre-amiral Fournier à bord du Brennus (date inconnue).

très vite l'appui des membres du gouvernement d'Union sacrée présidé par Alexandre Ribot, lequel s'apprête justement à créer un Commissariat des affaires de guerre franco-américaines, confié à André Tardieu, un proche du comte de Beaumont, que l'on retrouvera ensuite au grand comité du Cercle Interallié. Les deux projets, celui du Cercle et celui du Commissariat, semblent liés à la fois dans l'esprit des créateurs du Cercle et des membres du gouvernement.

Un fort engagement moral et politique

Il ne manque plus au projet qu'une grande figure tutélaire : ce sera celle du général Ferdinand Foch. S'il existe une personnalité sensible à la coopération interalliée, c'est bien lui, qui, après avoir effectué une mission aux États-Unis, vient juste de négocier l'intégration des différents corps militaires. Depuis le mois de mai, il a succédé au général Pétain comme chef d'état-major général des armées et sera bientôt nommé chef suprême des armées alliées sur le front occidental. Il a fait preuve alors, outre ses qualités de stratège et de tacticien, d'une grande diplomatie, qui lui permet de commander avec efficacité l'ensemble des généraux alliés. Son assentiment et son parrainage sont immédiats. Il sait que la reconnaissance et la connaissance mutuelles des officiers constituent le « nerf de la guerre » au sens propre.

Le projet prend forme rapidement : l'urgence de la situation, l'engagement des plus hautes figures militaires derrière le général Foch, et enfin la personnalité très appréciée de Marc de Beaumont font affluer les soutiens. Henri de Rothschild, qui connaît personnellement plusieurs des fondateurs, propose immédiatement de mettre à disposition de la nouvelle association le rez-de-chaussée et les jardins de son hôtel particulier, réservant pour son usage le premier étage. La presse annonce dès septembre la création d'un « Cercle militaire interallié », dont on ne sait s'il s'agit de l'appellation arbitraire d'un journaliste ou bien du premier nom envisagé. Il est précisé que le comité du Cercle a choisi comme présidents d'honneur le maréchal Joffre, le maréchal Haig et le général Pershing, c'est-à-dire les commandants des forces alliées, et que leur programme est de « faire mieux que tout ce qui existe ». La déclaration officielle de constitution sera déposée le 23 octobre 1917 et publiée deux jours plus tard au *Journal officiel.* Son titre : Cercle Interallié (pour les officiers des armées de l'Entente). Son objet : mettre à disposition des officiers des différentes nations alliées, de passage à Paris, un cercle leur offrant toutes les ressources matérielles et morales. Son siège social : 33, rue du Faubourg-Saint-Honoré.

Lorsque le jeudi 17 novembre 1917 au soir est inauguré officiellement le Cercle Interallié, l'actualité politique est chargée. Georges Clemenceau a formé ce même jour un nouveau gouvernement, au moment où la lassitude commence à envahir une partie des hommes politiques. « Les Anglais sont aux portes de Soissons », titre *L'Écho de Paris*, et la contre-offensive lancée par Pétain a de fait permis de reconquérir une partie du Chemin des Dames, mais globalement les Allemands gardent l'avantage militaire. Ils occupent le nord et l'est du territoire et, depuis la révolution bolchevique du 6 novembre et le retrait prévisible de la Russie de la guerre, ils peuvent concentrer tous leurs efforts sur le front occidental. Ils le font avec d'autant plus de détermination que les Américains acheminent des centaines de milliers de nouveaux combattants sur le Vieux Continent.

Le Cercle Interallié n'est pas créé dans un moment d'intermède ou de résolution du conflit : c'est au contraire pour la France un moment de mobilisation des forces et de prise de conscience de l'importance vitale de l'unité interalliée.

> C'est pour la France un moment de mobilisation des forces et de prise de conscience de l'importance vitale de l'unité interalliée.

Le premier comité du Cercle Interallié

Présidents d'honneur : maréchal Joffre, maréchal Foch, maréchal Pétain.
Président : vice-amiral Fournier ; vice-présidents : comte de Beaumont, comte de Bryas, comte de Fels, André Citroën. Tous font déjà partie d'un ou de plusieurs cercles parisiens, et connaissent bien leur fonctionnement: le comte de Beaumont est au Jockey Club, Henri de Rothschild est au Polo, à l'Automobile Club et à l'Aéroclub...

Les installations de l'hôtel de Rothschild s'adaptent à la mission du Cercle: les membres ont à leur disposition des salons de lecture et de correspondance, le téléphone, un bureau de renseignements, des dactylographes, des «installations modernes de bains», un coiffeur et bien sûr un salon de thé et un restaurant. Le rez-de-chaussée de l'hôtel offrant une surface limitée, deux pavillons en bois sont construits dans le jardin, accolés à la façade.

La proximité de l'Élysée permet des visites fréquentes des membres du gouvernement et des états-majors, qui trouvent au Cercle un lieu accueillant et convivial, qui n'est ni un bâtiment officiel de l'État ni une structure privée traditionnelle. Il n'est donc pas étonnant que, dès le mois de novembre 1917, les réceptions et les rencontres s'enchaînent. Les photographes de presse immortalisent fréquemment sur les marches du perron Foch, Joffre, Pétain, Weygand, hôtes familiers du lieu, mais aussi le président de la République, Raymond Poincaré, qui est accueilli pour la première fois au Cercle en mars 1918 par Paul Deschanel, futur président éphémère, confirmant ainsi la stature nationale et l'utilité publique du Cercle.

Une mission de paix et de progrès

Un an plus tard, l'armistice libère enfin l'avenir de l'Europe et de tous les pays en guerre. La mission du Cercle Interallié ne s'interrompt pas pour autant.

Tout d'abord, les officiers alliés et leurs familles auront encore besoin pendant longtemps d'un lieu d'accueil et de soutien. Enfin, et surtout, le Cercle Interallié a montré pendant sa première année d'existence qu'il était devenu un lieu de rencontre et d'échange indispensable. Il a fonctionné pendant cette première année comme une «annexe» de l'Élysée et de Matignon, permettant des rencontres multilatérales plus informelles, mais très fructueuses. Les semaines qui suivent l'armistice voient défiler rue du Faubourg-Saint-Honoré les représentants des combattants alliés, qui sont remerciés lors de réceptions chaleureuses et confraternelles.

Ce n'est pas un hasard si nombre de discussions importantes de l'après-guerre, comme la fixation du montant des réparations, se font dans le cadre «neutre» du Cercle Interallié.

Reste que le Cercle avait été juridiquement créé pour durer le temps des hostilités, mais, pour l'ensemble de ses fondateurs et dirigeants, une évidence s'impose: le Cercle Interallié doit continuer. L'assemblée générale du 12 janvier 1919 décide de proroger son existence. Tous les membres fondateurs plaident pour «l'intérêt qu'il y [a] à mettre en contact l'élite des forces vives du pays avec ces groupes analogues à l'étranger pour [...] diriger le monde dans la voie de l'ordre et du progrès». Il n'est plus seulement question de l'accueil à Paris des personnalités étrangères de qualité, c'est également la mise en contact des élites françaises avec les autres influences qui est revendiquée.

Le Cercle Interallié a montré pendant sa première année d'existence qu'il était devenu un lieu de rencontre et d'échange indispensable.

C'est encore Marc de Beaumont qui exprime le mieux cette nouvelle vocation devant une assemblée à l'Interallié: «Lorsque gothas et berthas faisaient entendre leur rythme dévastateur, il s'est formé dans ce lieu, aujourd'hui plein de calme, une âme commune faite des mêmes aspirations pour la défense de nos libertés et de nos patries menacées. Cette âme flotte encore dans cette demeure et nos efforts doivent tendre à l'y retenir. Son action bienfaisante nous permettra de contribuer

Ci-dessus : André Citroën.

Dès ses premiers mois de création, le Cercle Interallié affirme sa vocation de trait d'union entre les soldats alliés engagés en France et leur patrie, notamment au bénéfice des Américains.

Le 12 mai 1918, militaires et hommes politiques se rendent à la réception organisée par le comité français des « French Homes » à l'occasion du *Mother's Day*. Les photographes immortalisent l'arrivée du général Joffre (ci-contre à droite) et du général Pau (ci-dessous).

Réception organisée par le comité français des «French Homes» le 12 mai 1918.

L'American Legion reçue au Cercle Interallié pour une garden-party en 1922.

d'une façon modeste, mais efficace, à augmenter la cohésion entre les peuples. Dans l'atmosphère de cordialité que nous offrons ici aux hommes politiques, ils pourront se rencontrer avec des éléments que leur vie absorbante ne leur permettrait pas de trouver ailleurs. Ici plane une tolérance absolue pour les idées. Nous sommes parvenus à grouper autour d'une même table les hommes aux tendances les plus contradictoires et chacun a emporté de ces tentatives un excellent souvenir. Nous souhaiterions qu'elles se transforment en habitude et que notre association devienne de plus en plus le lieu de rencontre de nos hommes d'État avec les diplomates ou leurs invités.
Tout le monde, semble-t-il, pourrait en tirer profit. Les représentants de la nation n'ont que rarement la possibilité de sortir de France. En venant à l'Union Interalliée, ils auront l'impression de faire un véritable voyage à l'étranger, car ils y trouveront ceux qui arrivent de tous les points de l'horizon et qui apportent avec eux, purifiées par un grand souffle du large, les façons différentes de penser et d'agir.»

Le Cercle enfin dans ses murs

Pour rendre ce projet possible, il fallait que le Cercle s'installe dans ses murs et rachète l'hôtel d'Henri de Rothschild, qui ne souhaitait plus l'occuper. Ce dernier avait lancé dès avant la guerre la construction d'une vaste demeure près de la Muette et comptait s'y installer définitivement. Il proposa au Cercle d'acquérir l'hôtel à son prix d'avant-guerre, une somme équivalant à 7 millions de francs alors que l'inflation avait fait plus que doubler les prix!
Une souscription est organisée par le comte de Beaumont auprès des fondateurs et des membres du comité, et très rapidement le montant est réuni, avec les encouragements publics du président de la République, Paul Deschanel, ainsi que du président du Conseil, Alexandre Millerand. Une société civile immobilière est constituée pour l'acquisition du vénérable hôtel Le Vieux, que l'on appellera désormais «l'hôtel de l'Interallié», et, le 15 juillet 1920, *Le Figaro* annonce que «le Cercle est enfin dans ses murs».

Les puissances de l'Entente ont assuré leur juste triomphe dans la plus dure des guerres. Il faut, pendant la paix, que leur union se maintienne, dans un souvenir d'impérissable gloire, pour leur salut commun et pour la sécurité du monde.

Le 1er juin 1920, succédant au vice-amiral Fournier, le maréchal Foch accepte la présidence du Cercle de l'Union Interalliée. C'est à cette occasion qu'il rédigea ces lignes désormais célèbres, qui définissaient la raison d'être du Cercle : «Par des sacrifices sans précédents, les puissances de l'Entente ont assuré leur juste triomphe dans la plus dure des guerres. Il faut, pendant la paix, que leur union se maintienne, dans un souvenir d'impérissable gloire, pour leur salut commun et pour la sécurité du monde. C'est à cela que travaille l'Union Interalliée.»
Si le Cercle Interallié entre désormais dans l'histoire culturelle et politique de la capitale, la mémoire du premier conflit mondial ne va pas s'éteindre de sitôt. C'est ainsi qu'en mars 1920 le Cercle présente un «Mémorial interallié», véritable reliquaire de la Grande Guerre, avec tous les ordres du jour, proclamations, discours...

AUTOGRAPHE
DE M. LE MARÉCHAL FOCH

Par des sacrifices sans précédent, les Puissances de l'Entente ont assuré leur juste triomphe dans la plus dure des guerres.

Il faut, pendant la paix, que leur union se maintienne, dans un souvenir d'impérissable gloire, pour leur salut commun et pour la sécurité du Monde. C'est à cela que travaille l'Union Interalliée.

F. Foch

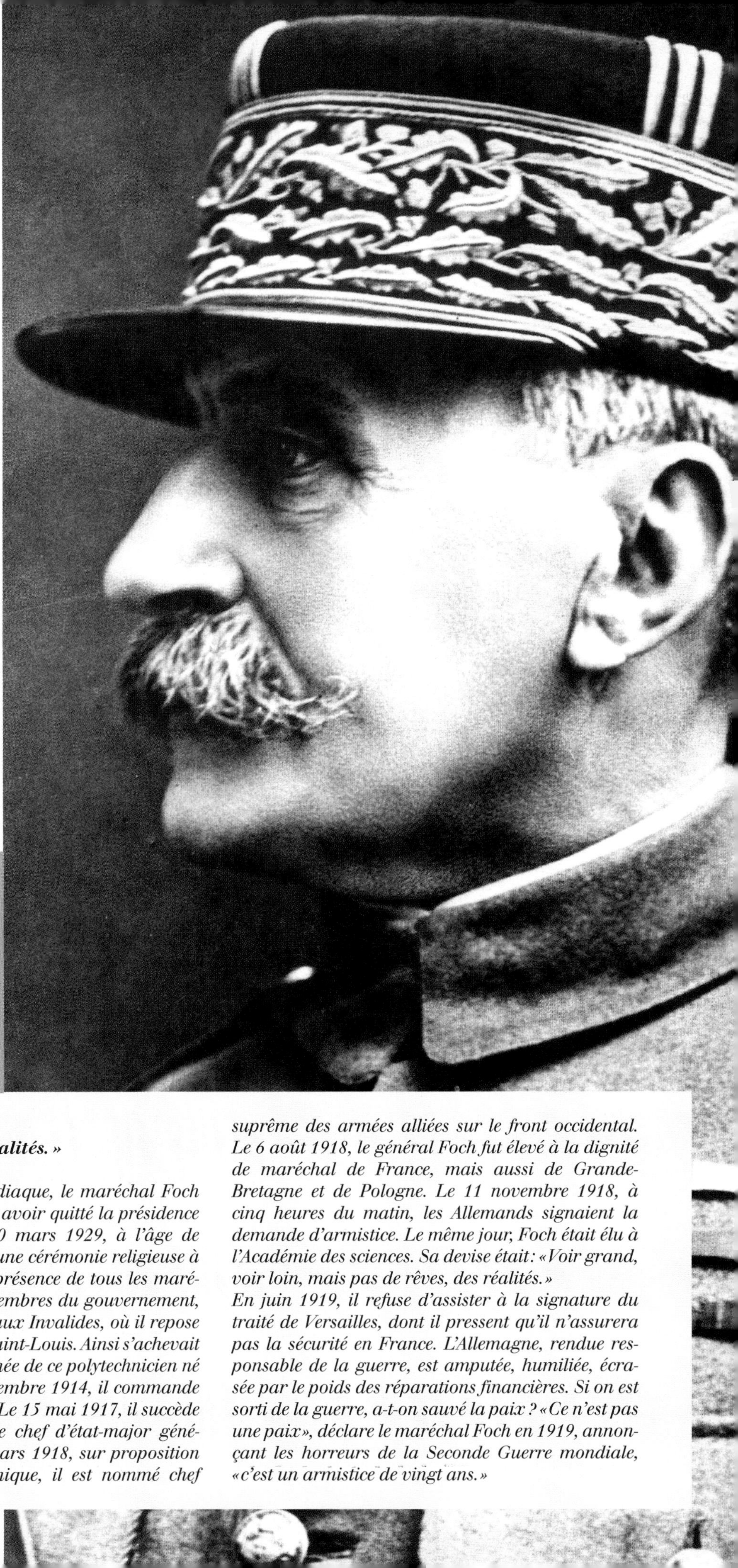

LE MARÉCHAL FOCH, UNE STATURE HISTORIQUE

« Voir grand, voir loin, mais pas de rêves, des réalités. »

Victime d'une crise cardiaque, le maréchal Foch s'éteindra un an après avoir quitté la présidence du Cercle Interallié, le 20 mars 1929, à l'âge de 78 ans. Le 26 mars, après une cérémonie religieuse à Notre-Dame de Paris, en présence de tous les maréchaux de France et des membres du gouvernement, son cercueil sera conduit aux Invalides, où il repose dans la crypte de l'église Saint-Louis. Ainsi s'achevait la vie glorieuse et passionnée de ce polytechnicien né à Tarbes en 1851. En septembre 1914, il commande la 9e armée sur la Marne. Le 15 mai 1917, il succède au général Pétain comme chef d'état-major général des armées et, le 26 mars 1918, sur proposition du gouvernement britannique, il est nommé chef suprême des armées alliées sur le front occidental. Le 6 août 1918, le général Foch fut élevé à la dignité de maréchal de France, mais aussi de Grande-Bretagne et de Pologne. Le 11 novembre 1918, à cinq heures du matin, les Allemands signaient la demande d'armistice. Le même jour, Foch était élu à l'Académie des sciences. Sa devise était: «Voir grand, voir loin, mais pas de rêves, des réalités.»

En juin 1919, il refuse d'assister à la signature du traité de Versailles, dont il pressent qu'il n'assurera pas la sécurité en France. L'Allemagne, rendue responsable de la guerre, est amputée, humiliée, écrasée par le poids des réparations financières. Si on est sorti de la guerre, a-t-on sauvé la paix ? «Ce n'est pas une paix», déclare le maréchal Foch en 1919, annonçant les horreurs de la Seconde Guerre mondiale, «c'est un armistice de vingt ans.»

GENTLEMAN SPORTSMAN

L'UNION
INTERALLIÉE

33, Faubourg Saint-Honoré
Paris — Élysées 44-24, 44-25, 52-98

« Gentleman sportsman » : c'était la qualité nécessaire, et difficilement traduisible, dont il fallait faire preuve pour entrer dans les premiers cercles créés en France. Si l'expression choisie est anglaise, ce n'est pas un hasard. Les cercles parisiens sont nés dans le sillage de la profonde anglomanie qui s'est imposée dans les élites françaises après les guerres napoléoniennes. Après avoir tant aimé détester leurs voisins britanniques, l'aristocratie et la grande bourgeoisie découvrent une culture raffinée, un art de vivre élégant et une liberté de bon aloi. Le dandysme, l'amour des chevaux et des courses, la littérature anglaise passionnent Paris. Tout comme ces clubs, nés dans les tavernes de Londres au XVIIe siècle, et qui sont devenus peu à peu des havres – exclusivement réservés aux hommes – pour jouer aux cartes, fumer le cigare, discuter de politique, de littérature ou de sa maîtresse. Le Kit-Cat Club, le Travellers, inauguré en 1819 pour les gentlemen voyageurs, le Garrick, fondé en 1831 par le comté de Sussex pour les écrivains, les acteurs, mais aussi les aristocrates, inspirent outre-Manche. Entre 1820 et 1830, une multitude de « cercles » – adaptation française du club anglais – éclosent dans la capitale.

Le premier du genre – ou en tout cas le plus recherché – est le Cercle de l'Union (1828), dont l'un des principaux inspirateurs est Charles Maurice de Talleyrand-Périgord. Il se définit ainsi : « Groupement associatif autorecruté, régi par des statuts soumis à l'agrément des autorités, le cercle se présente comme une réunion d'hommes exclusivement, fondée sur un principe d'égalité entre les membres cotisants qui s'y retrouvent quand ils le veulent, sans dames, donc sans cette retenue qu'imposerait leur présence, pour dîner, boire, fumer, lire, débattre, enfin se distraire à leur guise. » Suivront le Jockey Club en 1834, le Nouveau Cercle en 1847, l'Automobile Club en 1895 sans oublier le Racing (1882), le Polo (1892) et le Tir aux pigeons (1899). Le Cercle Interallié est, bien sûr, l'héritier de cette histoire, mais le contexte de sa création, ainsi que ses missions diplomatiques et culturelles, en feront le tout premier cercle du XXe siècle, un cercle moderne d'un genre nouveau.

À gauche : le premier annuaire du Cercle Interallié, 1920.

Ci-dessous : une illustration pour le Jockey Club.

À droite : une affiche de Mucha pour l'Automobile Club de France.

Ci-dessus : le célèbre club anglais l'Athenaeum, fondé en 1824 sur *Pall Mall* à Londres, avec son fameux bas-relief copié du Parthénon.

Ci-dessous : le Cercle de la rue Royale, club masculin fondé en 1852 à Paris, représenté par James Tissot en 1868.

UNE SOIRÉE À L'INTERALLIÉ EN 1920 VUE PAR *LE FIGARO*

L'Union a commencé la réalisation de son programme artistique en donnant à la suite de son dernier dîner une réception des plus attrayantes. Mme Yvonne Printemps et M. Sacha Guitry enlevèrent avec leur verve brillante [et] contribuèrent pour une égale part à l'éclat de cette soirée, qui réunissait une assistance d'élite. On en jugera par les noms des invités que voici: le maréchal Foch, président du Cercle Interallié, le président du Conseil, le comte de Beaumont et le comte de Fels, vice-présidents du Cercle, S.E. l'ambassadeur du Japon, S.E. l'ambassadeur d'Italie, S.E. l'ambassadeur des États-Unis, S.E. l'ambassadeur de Belgique, M. le ministre de Grèce, M. le ministre de Pologne, M. le ministre du Portugal, M. le ministre de Cuba, sir George Grahame, le ministre des Finances, le ministre des Travaux publics, le ministre du Commerce, S.A. le maharajah de Kapurtala, le vice-président de la Chambre des députés, M. Paléologué, M. Noulens, M. Bompard, ambassadeur de France, les sous-secrétaires d'État à l'Aviation, aux P. T. T., aux Fabrications de guerre, la présidence du Conseil, M. Autraaid, préfet de la Seine, M. Raux, préfet de police, le président du conseil municipal, M. de Wendel, député, le duc de Doudeauville, le marquis de Medici, les présidents des grandes commissions de la Chambre et du Sénat, les membres du comité du Cercle et de l'Union.

Après le dîner, parmi les dames venues applaudir le programme artistique, on remarquait Mme Matsui, la comtesse Bonin-Longare, la comtesse de Beaumont, la comtesse de Fois, la princesse de Polignac, la comtesse de La Rochefoucauld, la marquise de Boisgelin, la baronne de Dorlodot, Mme de Bailly, la baronne de Rothschild, Mme Marghiloman, Mme Bainville, la baronne de Brémont, la comtesse de Saint-Sauveur, Mme de Vernon, la baronne de Grandmaison, la marquise de Montferrier. La soirée se termina à onze heures et demie, sans que la brillante assistance eût donné le moindre signe de fatigue. Bien au contraire, chacun disait: «Déjà fini!» Et l'on se promettait de se retrouver en plus grand nombre le mois prochain.

Un tel empressement est d'un excellent augure pour l'avenir de l'Union Interalliée et pour l'épreuve si éminemment française qu'elle a entreprise et qu'elle mène à bien sous la forme la plus aimable: l'échange des grandes idées et des grandes activités par l'extension des relations internationales, politiques, diplomatiques, économiques et mondaines.

P. Contamine de Latour

SOMMET INTERALLIÉ AU CERCLE

La conférence de Paris du 27 janvier 1921 réunit les Alliés pour régler la question du montant des réparations de guerre demandé à l'Allemagne. Après les sessions de travail au Quai d'Orsay, c'est au Cercle Interallié que se retrouvent les représentants de toutes les nations, reçus par le maréchal Foch et le gouvernement français. On reconnaît sur la photo M. Lloyd George (3ᵉ à gauche) avec à sa gauche le maréchal Wilson. Face à lui, M. Jaspar, l'ambassadeur de Belgique (2ᵉ à droite). Les mêmes apparaissent à la une du Petit Journal *qui rend également compte du déjeuner à l'Interallié.*

DAMES ASSOCIÉES

S. M. la Reine d'Angleterre,
Membre d'Honneur

S. M. la Reine d'Italie
Membre d'honneur

S. M. la Reine des Belges,
Membre d'Honneur

« Peut-être alors, en constatant notre indissoluble union, sur le terrain militaire diplomatique et économique, renonceront-ils à cette politique à courte vue basée sur la méconnaissance des qualités qu'ils n'ont pas et qu'ils ne peuvent comprendre.

« Le Comité britannique de « l'Union Interalliée », en resserrant nos liens personnels avec nos amis d'Angleterre, contribuera puissamment à de tels résultats ».

Madame Alexandre Millerand.
Membre d'Honneur.

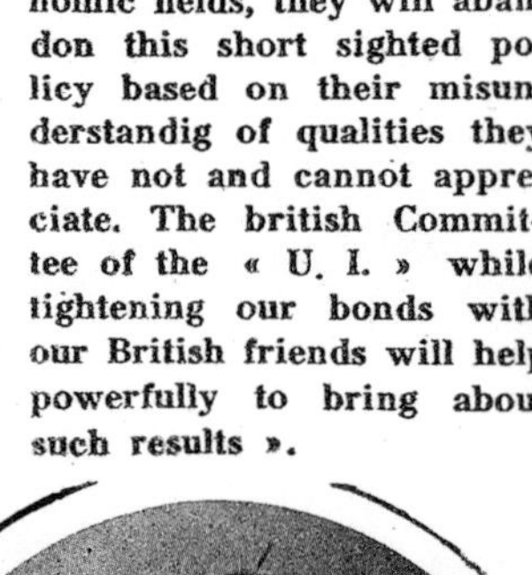

nomic fields, they will abandon this short sighted policy based on their misunderstandig of qualities they have not and cannot appreciate. The british Committee of the « U. I. » while tightening our bonds with our British friends will help powerfully to bring about such results ».

Duchesse de la Trémoille

Madame René Viviani

Madame Flandin

Madame la Comtesse Bonin-Longare
Ambassadrice d'Italie
Membre du Comité Directeur

Comtesse de Bourg de Bozas.

Un cercle qui se conjugue aussi au féminin

La presse salue la naissance de ce cercle pas comme les autres, et beaucoup soulignent ses deux particularités révolutionnaires dans le monde des cercles: on ne joue pas aux jeux d'argent au Cercle Interallié et, surtout, les femmes y sont admises!

Le quotidien d'Arthur Meyer, *Le Gaulois*, salue l'initiative: «Le 15 juillet prochain, les membres de l'Union Interalliée seront définitivement chez eux dans l'hôtel du faubourg Saint-Honoré, en qualité de propriétaires, et ils pourront procéder aux installations et aux améliorations destinées à faire de l'Union un cercle tout à fait à part. Nous disons tout à fait à part, car, contrairement à ce qui se passe dans les autres cercles, on n'y joue pas. Il ne saurait donc leur porter ombrage. Mieux encore, l'Union Interalliée, obéissant à son esprit de libéralisme et de progrès, a décidé d'ouvrir ses portes, les dimanches et les jeudis, aux femmes de ses membres et à leurs amies, et de les accueillir tous les autres jours, de cinq à sept, pour le thé. Cela, c'est le tribut payé à la grâce et à la galanterie.»

Le Cercle Interallié comporte donc une nouvelle catégorie de membres: celle des «Dames associées». Sous l'impulsion de la maréchale Foch, qui ne conçoit pas qu'un cercle soit exclusivement masculin, on crée un comité des Dames, où siègent des personnalités féminines éclatantes. Un comité d'honneur réunit une partie du gotha européen: S.M. la reine d'Angleterre, S.M. la reine d'Italie, S.M. la reine des Belges, S.A.I. la grande duchesse de Russie, Mme Alexandre Millerand, épouse du président du Conseil.

Si les femmes sont admises, et même encouragées à l'Interallié, ce n'est pas seulement parce qu'elles participent à l'accueil des familles des officiers ou pour organiser les événements mondains. C'est aussi parce que la guerre leur a donné une place tout à fait nouvelle. Elles ont remplacé les hommes mobilisés dans des domaines qui leur étaient jusque-là étrangers, elles sont intervenues bénévolement pour soigner et accueillir les blessés, elles ont soutenu moralement les combattants. Mathilde de Rothschild, par exemple, avait suivi Henri de Rothschild dans tous ses engagements auprès des victimes de la guerre. Dans toutes les classes sociales, les femmes ont investi massivement la société civile. Après la guerre, un débat s'est d'ailleurs fait jour en France en faveur du droit de vote des femmes, qui restaient encore des citoyennes «mineures». Le dictionnaire de l'Académie les définissait encore ainsi: «femelle, compagne de l'homme», et ce n'est qu'en 1934 qu'elles deviendront des «êtres humains de sexe féminin». Un des plus remarquables discours en faveur du vote féminin a d'ailleurs été prononcé en 1921 par l'écrivain Paul Valéry à l'Interallié. Il faudra hélas attendre la Seconde Guerre mondiale pour que ce droit soit accordé. Le Cercle Interallié avait, sur ce point aussi, une longueur d'avance.

Un des plus remarquables discours en faveur du vote féminin a été prononcé par Paul Valéry à l'Interallié. Le Cercle avait, sur ce point aussi, une longueur d'avance.

La défense des missions du Cercle

Mais la pérennité du Cercle Interallié ne fait pas que des heureux, et, quelque temps plus tard, l'ancienne rivalité entre les Pereire et les Rothschild va connaître un épilogue singulier. L'accueil des officiers et les fréquentes réceptions données dans les jardins causent en effet des nuisances dont se plaignent vivement les deux voisins des numéros 31 et 35, le comte Pillet-Will et M. Pereire, héritier des frères Pereire. Tous deux contestent également l'aménagement des pavillons extérieurs et assignent Henri de Rothschild et le Cercle Interallié, invoquant le fameux contrat de servitude conclu entre Mme Le Vieux et le président Chevalier, qui stipule qu'aucune construction ne se ferait à moins de 50 mètres de l'alignement sur la rue. Or, les constructions installées par le Cercle côté jardins dérogent à cette clause. L'assignation du comte Pillet-Will est rédigée en des termes peu aimables: « Le Cercle Interallié est un thé-restaurant; ses constructions ont dénaturé la perspective des jardins et ruiné le charme discret de la propriété. [...] De ces baraquements, offices et cuisines s'élèvent des odeurs désagréables, un bruit de vaisselle et de conversations domestiques, parfois le bruit d'orchestres jouant des airs à la mode.» L'affaire est bien sûr relatée par les quotidiens, *Le Figaro* titrant même son article: «La démolition du Cercle Interallié». Outré par le procédé, le maréchal Foch prend sa plume pour défendre le Cercle, avec son habituelle éloquence:

«J'ai pris connaissance de l'assignation qui a été délivrée au Cercle Interallié. Elle renferme certaines appréciations que je ne puis laisser passer sans protester personnellement. Il est dit que le Cercle était une "institution qui pouvait être justifiée par les nécessités de la guerre", mais qu'il "a perdu depuis la paix son caractère primitif" et qu'il a été transformé en maison de thé-restaurant par la Société du Cercle, laquelle "dépourvue d'intentions artistiques et désintéressées ne cherche qu'à monnayer la renommée séculaire du site même en violation des droits d'autrui". Je vous prie, en versant cette lettre aux débats, de préciser à l'encontre de ces imputations fausses, que je n'ai accepté de présider effectivement l'Union Interalliée qu'en raison du caractère si élevé du but vers lequel tendaient ses dirigeants, qui m'est apparu du plus haut intérêt pour l'avenir des relations d'après-guerre entre les Alliés.»

Un monde nouveau

Le monde qui émerge à la fin de la guerre n'est plus du même siècle que la Belle Époque. Les 19 millions de morts, dont 5 millions de soldats alliés, changent littéralement la face de tous les continents. Mais la guerre a aussi bousculé les rapports sociaux et les modes de vie des nouvelles générations, y compris parmi les élites européennes. C'est peut-être Marcel Proust, visiteur assidu du 33, rue du Faubourg-Saint-Honoré sous Henri de Rothschild comme au temps du Cercle Interallié, qui exprime le mieux ces bouleversements à travers sa description du salon des Verdurin, archétype de la bonne société du faubourg. De nouvelles personnalités émergent, l'aristocratie ouvre désormais ses portes aux entrepreneurs, aux lettrés, aux hommes de science, aux femmes aussi. Marc de Beaumont avait parfaitement saisi cette nouvelle marche du monde, et la composition du grand comité de l'Union Interalliée de 1925 en est la parfaite illustration. Si l'on retrouve des militaires comme le général Weygand et des personnalités telles que le baron Empain ou le prince de Broglie, on y côtoie aussi presque tous les hommes politiques qui comptent (Gaston Doumergue, Raymond Poincaré, Léon Bourgeois ou Édouard Herriot, et même Benito Mussolini, alors chef du gouvernement italien), des entrepreneurs tels que Louis Renault, André Citroën ou James Hennessy, mais aussi le philosophe Henri Bergson ou l'écrivain Paul Bourget.

Le Cercle Interallié n'est pas une institution retranchée du monde. Créé dans les convulsions de la guerre, en prise directe avec la réalité politique économique et culturelle, l'hôtel du 33, rue du Faubourg-Saint-Honoré n'est pas une citadelle isolée, mais à l'inverse un espace privilégié d'échange et de connaissance, un lieu ouvert sur le nouveau siècle.

L'hôtel du 33, rue du Faubourg-Saint-Honoré n'est pas une citadelle isolée, mais à l'inverse un espace privilégié d'échange et de connaissance, un lieu ouvert sur le nouveau siècle.

Quelques membres de l'Union Interalliee

S. M. le Roi des Belges
Membre d'Honneur

Alexandre Millerand,
Président de la République Française
Membre d'Honneur

S. A. R. le Prince de Galles
Membre d'Honneur

René Viviani,
Ancien Président du Conseil Français

A. Briand,
Président du Conseil Français

Louis Barthou,
Ministre de la Guerre Français

S. A. R. le Prince Régent du Royaume des Serbes, Croates et Slovènes
Membre d'Honneur

M. le Général Pershing,
Membre d'Honneur

S. A. R. le Prince d'Udine,
Membre d'Honneur

Toutes les photographies reproduites dans ce numéro sortent des ateliers *Pirou, Henri Manuel, Isabey, Reutlinger, Darlay*, où nous les devons à l'obligeance de nos grands confrères quotidiens « *Excelsior* » et « *Gaulois* », nous les en remercions vivement.

N. D. L. D.

S. E. M. Jules Cambon,
Vice-Président de l'Union Interalliée

Paris, a pu être achetée pour le prix de sept millions. Le conseil d'administration est composé de la façon suivante :
MM. le Comte de Beaumont, Président ; Raval, Vice-Président ; de Sillac, secrétaire du Conseil, Finaly, Directeur de la « Banque de Paris et des Pays-Bas » ; Bonnet, Administrateur délégué de la Compagnie de Suez ; Ch. Laurent, Directeur général des « Aciéries de la Marine et d'Homécourt » ; Léon Lévy, Directeur général des « Forges de Chatillon - Commentry » ; Baron Jacques de Gunzbourg ; Comte de Saint-Sauveur, Directeur du « Creuzot » ; Peixotto, représentant de « l'American International Corporation » et Dumontet.
Ce Conseil d'Administration a eu recours à l'intelligente activité et au dévouement

« hotel » where the Union had found a temporary shelter. Many having answered our call this beautiful french home, placed in the very heart of Paris has been bought for the price of seven millions. The Board is composed as follows :
MM. Comte de Beaumont, président ; Raval, Vice-Président ; De Sillac, Secretary ; Finaly, Manager of the « Banque de Paris et des Pays-Bas » ; Bonnet, Administrateur and manager of « Compagnie de Soez » ; Ch. Laurent, General manager of the « Aciéries de la Marine » ; Léon Levy, General manager of the « Forges de Châtillon-Commentry » ; Baron Jacques de Gunzburg, Banker ; Comte de Saint - Sauveur, Manager of « Creuzot » ; Peixotto, Representing « American International Corpora

Amiral Lacaze,
Vice-Président de l'Union Interalliée

Duc de Broglie.
Vice-Président de l'Union Interalliée
Président du Cercle de l'Union

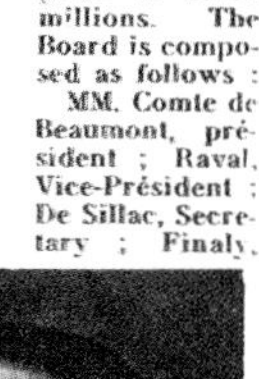

Comte de BEAUMONT, Vice-Président Délégué de l'« Union Interalliée » - Président de la Société Immobilière de l'Union Interalliée.

Comte de BEAUMONT, Vice-President Delegate of the « Union Interalliée », President of the Real estate corporation of the « U. I. »

E. Raval,
Vice-Président de l'Union Interalliée et de la Société Immobilière
Président de la Banque Nationale de Crédit

Comte de Fels,
Vice-Président de l'Union Interalliée

André Citroën,
Vice-Président de l'Union Interalliée

Toutes les photographies reproduites dans ce numéro sortent des ateliers *Pirou, Henri Manuel, Isabey, Reutlinger, Darlay*, où nous les devons à l'obligeance de nos grands confrères quotidiens « *Excelsior* » et « *Gaulois* », nous les en remercions vivement

N. D. L. D.

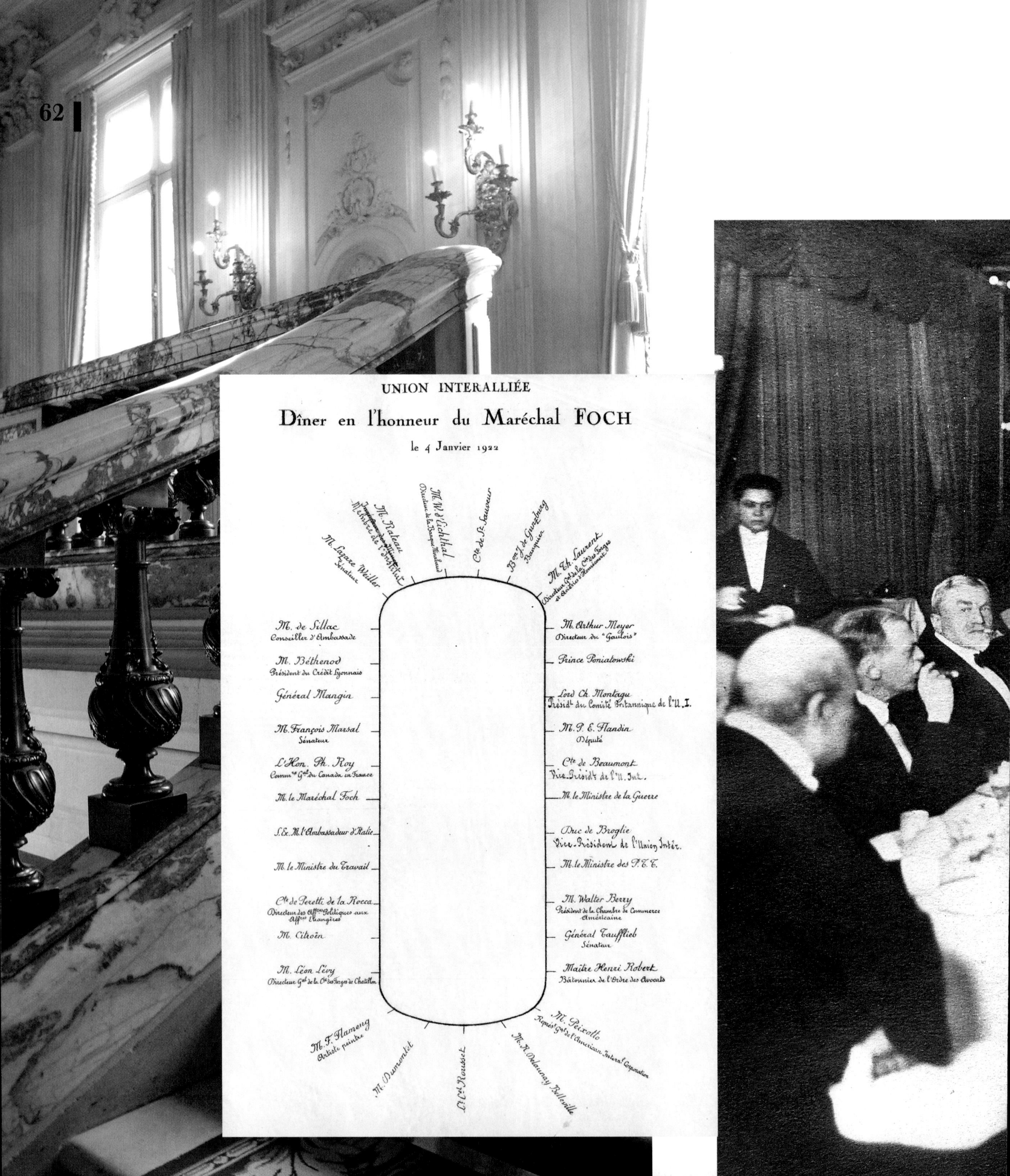

UNION INTERALLIÉE

Dîner en l'honneur du Maréchal FOCH

le 4 Janvier 1922

M. Lazare Weiller
Sénateur

M. Rateau
~~Ingénieur des Mines~~
Membre de l'Institut

M. W. d'Eichthal
Directeur de la Banque Mirabaud

Cte de St Sauveur

Bon J. de Gunzburg
Banquier

M. Th. Laurent
Directeur Gal de la Cie des Forges et Aciéries d'Homécourt

M. de Sillac
Conseiller d'Ambassade

M. Béthenod
Président du Crédit Lyonnais

Général Mangin

M. François Marsal
Sénateur

L'Hon. Ph. Roy
Commre Gal du Canada en France

M. le Maréchal Foch

S. Ex. M. l'Ambassadeur d'Italie

M. le Ministre du Travail

Cte de Peretti de la Rocca
Directeur des Affres Politiques aux Affres Etrangères

M. Citroën

M. Léon Lévy
Directeur Gal de la Cie des Forges de Chatillon

M. Arthur Meyer
Directeur du "Gaulois"

Prince Poniatowski

Lord Ch. Montagu
Présidt du Comité Britannique de l'U. I.

M. P. E. Flandin
Député

Cte de Beaumont
Vice-Présidt de l'U. Int.

M. le Ministre de la Guerre

Duc de Broglie
Vice-Président de l'Union Intér.

M. le Ministre des P. T. T.

M. Walter Berry
Président de la Chambre de Commerce Américaine

Général Taufflieb
Sénateur

Maître Henri Robert
Bâtonnier de l'Ordre des Avocats

M. F. Flameng
Artiste peintre

M. Dumontet

Lt Cel Rousset

M. R. Delaunay Belleville

M. Peixotto
Représt Gal de l'American Internal Corporation

Dîner en l'honneur du maréchal Foch, le 4 janvier 1922. Le plan de table rend compte des personnalités présentes ce soir-là.

3

LE RAYONNEMENT CULTUREL FRANÇAIS AU CERCLE INTERALLIÉ

Continuer de faire vivre l'esprit interallié

PENDANT L'ENTRE-DEUX-GUERRES, PARIS VA CONNAÎTRE UNE PÉRIODE CULTURELLE ET INTELLECTUELLE D'UNE EXTRAORDINAIRE RICHESSE, MÊLANT TRADITION ET AVANT-GARDE. LE RAYONNEMENT MONDIAL DE LA FRANCE EST INCONTESTABLE, ET LA CAPITALE ATTIRE DE NOMBREUSES PERSONNALITÉS, ARTISTES, INTELLECTUELS, SCIENTIFIQUES, HOMMES D'ÉTAT DE TOUS LES CONTINENTS. APRÈS LES ATROCITÉS DE LA GRANDE GUERRE, LES ANNÉES 1920 SONT VÉCUES AVEC EUPHORIE, D'AUTANT QUE CHAQUE SAISON VOIT LA DÉCOUVERTE DE NOUVEAUX MOUVEMENTS CULTURELS, DE NOUVELLES INFLUENCES. LE CERCLE INTERALLIÉ EST NON SEULEMENT UNE DES SCÈNES IMPORTANTES DE CETTE BRILLANTE SOCIÉTÉ DES ANNÉES FOLLES, MAIS AUSSI UN LIEU UNIQUE D'ÉCHANGES, OÙ LES PRINCIPAUX ACTEURS DE L'ÉPOQUE SE CONFRONTENT AUX IDÉES DU NOUVEAU SIÈCLE.

« ISOLÉS, LES HUMAINS CONSERVENT LEURS IMPERFECTIONS. RÉUNIS, ILS SE POLISSENT PAR UN FROTTEMENT MUTUEL ET METTENT EN COMMUN LEURS MÉRITES RESPECTIFS. »

(Extrait de l'annuaire du mois d'août 1952 du Cercle Interallié : « Les buts de l'Union Interalliée »).

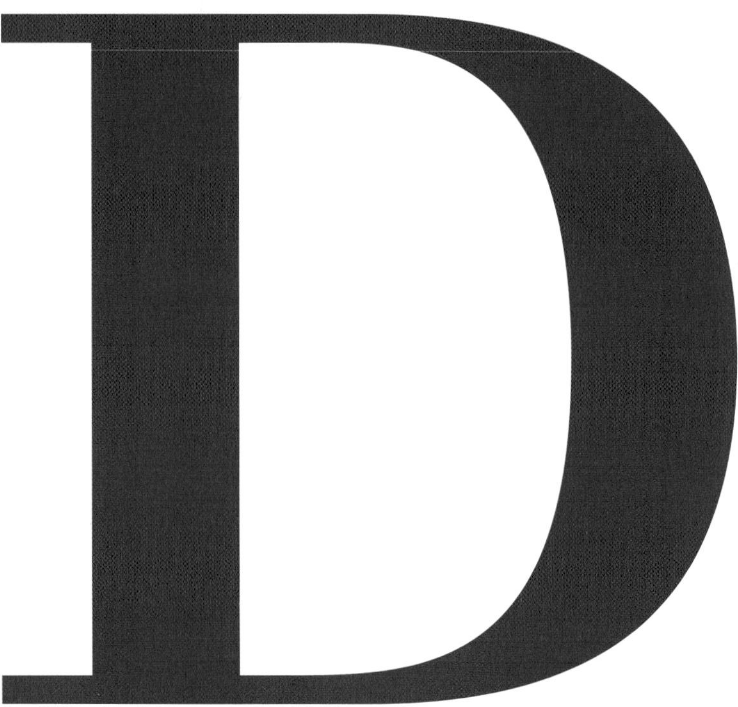

Dans les années qui suivent le conflit, le prestige de la France est immense : c'est sur son sol que s'engagent les négociations de paix pour régler le sort des pays vaincus. L'armée française passe alors pour la meilleure armée au monde et l'a démontré avec éclat lors du défilé militaire du 14 juillet 1919 consacré à la gloire et à la victoire de cette brillante armée, ainsi que de ses principaux chefs : les maréchaux Foch, Joffre et Pétain.

Les politiques et les états-majors des armées poursuivent leur dialogue au Cercle Interallié lors des réceptions officielles, mais aussi de rencontres moins formelles. Les hommages aux forces engagées dans le conflit sur le sol français se poursuivent pendant toute la décennie, et les questions militaires demeurent naturellement au premier plan des activités du Cercle sous la présidence du maréchal Foch.

En octobre 1927 par exemple, l'American Legion est reçue avec les honneurs par le gouvernement français : après s'être recueillie sur la tombe de La Fayette, la délégation, accompagnée du général Pershing et du maire de New York, est accueillie au Cercle Interallié par le comte de Beaumont et le maréchal Foch.

Page précédente : après avoir été reçu à l'Élysée, le prince de Galles assiste à un dîner de gala au Cercle Interallié le 31 octobre 1926. De droite à gauche : S.A.R. le prince de Galles, le comte de Beaumont, le maréchal Foch, la vicomtesse Churchill et les autres invités.

Ci-dessus : le maréchal Foch, accompagné du général Gouraud, quittant l'Union Interalliée en 1924.

À gauche : les maréchaux Joffre et Foch au moment de leur passage sous l'Arc de triomphe lors du défilé de la victoire, le 14 juillet 1919.

À droite : illustration de l'American Legion en France en 1927 par *Le Petit Journal.*

Le 17 mai 1926, le maréchal Foch passe en revue dans les jardins de l'Interallié les quatre régiments de vétérans américains portant leurs uniformes traditionnels : les Foot Guards, les Putman Phalanx et deux détachements des Richmond Blues. Ces derniers portent l'uniforme bleu du temps de l'American War of Independence, et certains arborent aussi une étrange coiffure : le traditionnel shako noir à plumes multicolores. Les grenadiers Putman Phalanx revêtent pour leur part l'ancien habit rouge de l'armée coloniale britannique avec leurs hauts bonnets à poils. Ces volontaires américains, venus célébrer l'alliance entre la France et les États-Unis, se sont d'abord recueillis sur la tombe du Soldat inconnu avant d'être accueillis au Cercle Interallié.

LE PETIT JOURNAL

HEBDOMADAIRE - 38e Année
61, rue Lafayette, Paris

ILLUSTRÉ

25 Septembre 1927 - N° 1918
PRIX . 50 CENTIMES

L'AMERICAN LEGION EN FRANCE

Quelle joie, dans les familles françaises, de revoir le grand ami Américain venu à notre secours aux heures les plus tragiques !

UNION INTERALLIÉE

33, Faubourg Saint-Honoré — Tél. Élysées 44-24 & 44-25

Dames Associées

1930

Mme Louis Rapin

LA TITULAIRE — Pr LE PRÉSIDENT

Le Président et les Membres du Comité de l'"Union Interalliée" vous prient de leur faire l'honneur d'assister à la Conférence qui aura lieu le Jeudi 17 Juin à 15 heures 30, sous la présidence de S. Exc. l'Ambassadeur des États-Unis.

"La sauvegarde de l'Art Français aux États-Unis."

(2 Décembre 1925 – 22 Mai 1926).

Récits de voyages avec projections, par le Duc de Trévise, Chargé de Mission.

Invitation pour deux personnes. — *R.S.V.P. avant le 15 Juin, 33, Faubourg Saint Honoré.*

Ci-dessus, de gauche à droite : carte d'adhésion de l'Union Interalliée en 1930, formulaire de demande d'inscription au Cercle établi en 1928 par Paul Augé (directeur des Dictionnaires Larousse) avec la signature de ses deux parrains, Alfred Wenz et Jacques Bréguet, et invitation à l'une des premières conférences qui feront la réputation de l'Union Interalliée et la joie de ses membres, le 22 mai 1926.

Ci-dessous : article d'un journal américain présentant les installations de l'Union Interalliée.

[P]ARIS CLUBS — MOST IMPORTANT GROUPS IN THE WORLD

Paris Took Club Idea from America and Improved on It.

PARIS can scarcely be compared to American cities in its clubs. The French people do not take so readily to club life as do the Americans. There are not the numerous clubs such as New York has, for instance, where members do the greater part of their formal entertaining, nor are there the numerous clubs where bachelors reside permanently, and which have so much of the home atmosphere as those in the States.

Clubs Due to War.

American residents in Paris, however, have undoubtedly helped to increase in last few years. Americans have their own clubs within the colony and membership in a few French clubs has become open to them. Among the clubs in Paris best known to Americans, without taking into consideration the strictly American clubs, is the Union Interalliée, which is an outgrowth of the war. During the war the Interalliée was more or less of a military club, though it should not be confused in any way with the Cercle Militaire, and was in no way official.

In 1917, Baron and Baronne Henri de Rothschild offered a part of their magnificent mansion, at 33 Faubourg Saint-Honoré, for the duration of the war, as a club for officers of the Allies. French officers were quick to see the benefit to be derived from such an organisation. While there was absolutely no social life in the capital at that time, it was generally recognised among offi- French might invite the officers of the Allies for meals, which naturally meant in those days nothing more than an unofficial conference or discussion of the war and the progress of the battles of the day. The offer of Baron de Rothschild was promptly accepted, the lower floor, with the entire use of the garden of the stately old mansion, being turned over to the officers, while Baron and Baronne de Rothschild continued to reside on the floor above pending the completion of their present dwelling, near the Bois de Boulogne, which was in a state of construction when war was declared. The club was named the Interalliié and with this informal beginning soon became exceed- commenced to branch out and take in new members other than officers, but at that time was distinctly a men's club though members were permitted to have women guests. In view of the fact that Baron and Baronne Henri de Rothschild were soon to move into their new mansion the question was agitated as to making the club a permanent organisation.

Marshal Foch Saw Need.

Marshal Foch had been interested in the club since its birth, and it was the marshal who saw it was needed for the many visiting officers who were here for the cleaning-up period after the war and

Après le décès de ce dernier, le maréchal Pétain continuera d'organiser de nombreux colloques et des conférences sur l'organisation de l'armée, toujours en étroite association avec les ministères concernés. Il y exposera notamment en 1934 son point de vue sur la question cruciale de l'enseignement militaire.

Un lieu de vie privilégié et ouvert sur le monde

Après ses premières années de fonctionnement, le Cercle Interallié offre désormais à ses membres un lieu privilégié au cœur de Paris et un cadre de vie tout à la fois exclusif et accueillant, avec des services de «conciergerie» à l'américaine très en avance sur leur temps.

Les membres de l'association, «qui comprend des hommes et des dames» selon le règlement, peuvent assister librement à toutes les manifestations et réceptions organisées au Cercle, telles que les dîners suivis de la soirée dansante du samedi, les thés du comité des Dames du mercredi, les concerts, les conférences, les expositions et les fêtes. Ils peuvent également retenir des salons pour leurs réceptions privées. Contrairement aux autres cercles, les jeux de hasard sont donc interdits, mais le bridge est autorisé.

Les membres étrangers de passage à Paris, leur famille et éventuellement leurs amis profitent également de tous ces avantages. Le «bureau des membres étrangers» facilite leur séjour à Paris et leur permet d'obtenir tous les services concernant les «voyages, hôtels, théâtres, visites des monuments, des facultés, des laboratoires et des points d'intérêt à Paris, en province ou aux colonies», comme le précisent les livrets d'accueil. Des sténodactylographes et un interprète sont également à la disposition des membres du Cercle. Des comités américain, belge, britannique, italien… ont été constitués ainsi que des sections politique, financière, artistique et industrielle afin de mettre «les personnalités étrangères en rapport avec le milieu interallié qui peut le mieux répondre à leur spécialité ou au but de leur voyage».

Tous les membres ont à leur disposition des salons de réception, des salles à manger donnant sur les jardins, des salles de lecture et de jeux, une bibliothèque, une salle de billard, des salons privés et des sous-sols, dans lesquels le Cercle annonce dès 1922 que «seront aménagés une piscine, un hammam et une salle pour les sports». Le Cercle disposait également d'une baignoire à l'Opéra, d'un accès au Rowing Club de Compiègne et d'une loge à Longchamp jusqu'en 1949.

Les membres peuvent bien sûr se restaurer au Cercle et y prendre le déjeuner, le thé, le dîner ou le souper. Ils ont la possibilité d'y amener des invités, dûment enregistrés. Un orchestre accompagne le thé et le dîner. L'Interallié offrait également à ses membres masculins un coiffeur, un cireur et des massages, un service de voiture avec chauffeur, un télex.

Les membres se répartissent en quatre catégories: les membres à vie, les membres actifs qui paient une cotisation annuelle, les membres non résidents, dont le domicile est hors de France, et enfin les dames (dites «dames associées»). Pour être admis, les candidats doivent être présentés par deux parrains membres de l'association, et les candidates par deux marraines également membres du Cercle, dont une doit faire partie du comité des Dames. L'un des parrains doit être de la nationalité du candidat. Il est à noter que si les cotisations les plus coûteuses sont celles des membres à vie (5000 francs en 1929 contre 1000 francs pour les membres actifs), les diplomates et les non-résidents bénéficient d'un tarif particulier (500 francs), les dames ne devant s'acquitter pour leur part que d'un montant de 200 francs.

Au moment du décès du maréchal Foch, en 1929, l'association compte 4600 membres, dont 1384 dames. 175 clubs sont affiliés.

> En 1929, l'association compte 4600 membres, dont 1384 dames. 175 clubs sont affiliés.

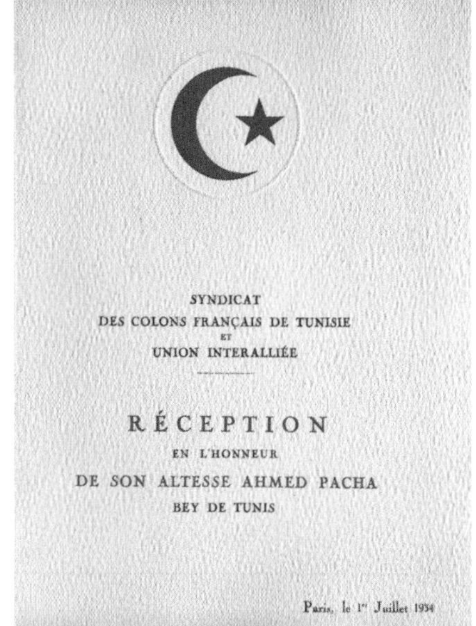

SYNDICAT
DES COLONS FRANÇAIS DE TUNISIE
ET
UNION INTERALLIÉE

RÉCEPTION
EN L'HONNEUR
DE SON ALTESSE AHMED PACHA
BEY DE TUNIS

Paris, le 1er Juillet 1934

GRAND DINER DANSANT
organisé par le
COMITÉ DES DAMES
de la
FONDATION FOCH

LE DIMANCHE 24 JUIN 1934
A L'UNION INTERALLIÉE

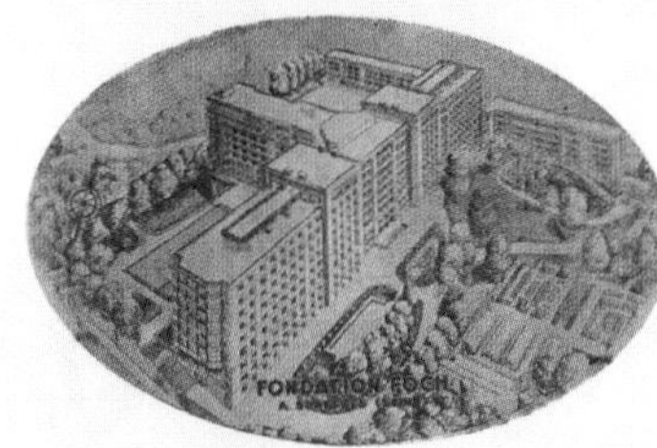

43, rue du Mont-Valérien — Suresnes (Seine)

" Nous avons à poursuivre le bien sur la terre, même après en être partis, par des institutions qui nous y représentent."

Maréchal FOCH

À gauche : M. Jules Cambon de l'Académie française, président de la Conférence des ambassadeurs et président de l'Union Interalliée, élu en 1929.

Ci-dessus : carton d'invitation et dessin paru dans le magazine *Vogue* pour les réceptions de l'Union Interalliée.

Ci-contre : la façade côté jardins du Cercle Interallié en 1929.

Ci-dessous : dessin d'un projet d'aménagement non retenu pour la façade sur jardin, présenté par l'architecte du Cercle.

Le grand escalier et
le salon de bridge en 1929,
aujourd'hui salon Duc de
Luynes.

Un hôtel à la hauteur de la réputation du Cercle Interallié

Le 33 du faubourg Saint-Honoré ne suffit bientôt plus à l'affluence du Cercle. Pas assez grand, ni fonctionnel. On prévoit des travaux d'agrandissement qui seront conduits par l'architecte M. Coulomb.

Les travaux les plus importants voient la création en 1924 du salon Foch et de la grande salle à manger à la place des salons du premier étage. La salle Foch est créée en surélévation des combles. Une scène et une fosse d'orchestre y sont installées, avec également la création d'une salle de projection cinématographique. L'architecte du Cercle Interallié s'implique également dans l'ensemble des activités festives et préside aux aménagements des jardins lors des galas et des fêtes importantes, réalisant les «cartons» des directeurs artistiques.

Les transformations de 1930

Le succès du Cercle ne se dément pas durant toute la décennie et, quelques années après les premiers travaux, Marc de Beaumont est convaincu que le Cercle doit de nouveau se transformer et entrer de plain-pied dans la modernité. Le conseil du Cercle, présidé par Jules Cambon, l'appuie et commande à l'architecte-décorateur Robert Block une véritable métamorphose esthétique et fonctionnelle de l'hôtel. Connu pour son goût Art déco et son travail de nouvelles matières, Robert Block présente des projets fort audacieux, tout en veillant à préserver l'harmonie classique des lieux.

Un étage supplémentaire est construit sur cour pour y abriter une bibliothèque et des salons de lecture, et des ascenseurs viennent faciliter l'accès aux étages.

Mais le changement le plus spectaculaire est la création du grand salon au quatrième étage, d'une longueur de 40 mètres, destiné aux réceptions des membres. Les murs sont recouverts de noyer et ornés de larges paysages de laque brune et or. Un ingénieux système de paravents de boiseries entièrement dissimulés dans les piliers permet de diviser l'espace en quatre salons privés. Autre création phare de Robert Block: un jardin en terrasse sur les toits, ponctué de pergolas, de vasques modernes et de fontaines Art déco. Un éclairage nocturne donne une touche surréelle à ce jardin suspendu en pleine ville.

Le changement le plus spectaculaire est la création du grand salon, d'une longueur de 40 mètres, destiné aux réceptions des membres. Les murs sont recouverts de noyer et ornés de larges paysages de laque brune et or.

Le chef-d'œuvre de Foujita

Lors de l'inauguration de la nouvelle aile moderne, le journal *L'Illustration* consacre une page entière à ces nouveaux aménagements dans l'esprit des années 1930.

En fin d'article, une rapide mention signale que la décoration du bar a été confiée à l'artiste japonais Foujita. Celui-ci est pourtant une des «étoiles» de l'École de Paris. Arrivé en France en 1913, Foujita est un proche de Picasso, Matisse et Modigliani, et ses toiles se vendent dans le monde entier à des prix considérables. En 1928, époque où Tsugouharu Foujita rencontre le comte de Beaumont, il demeure près du parc Montsouris, square Montsouris, non loin de Derain et de Braque, ses amis. Le peintre y reçoit le Tout-Paris et travaille sur des décors pour le théâtre de l'Odéon qui donne *Le Masque*, une pièce japonaise. C'est une époque de foisonnement artistique. La communauté japonaise est présente en grand nombre, mais vit repliée sur elle-même. Seul Foujita évolue avec aisance dans les milieux mondains, aristocratiques et diplomatiques, dont la culture lui est étrangère. Il entretient alors des liens d'amitié avec le comte de Beaumont, pour lequel il a un grand respect.

Ci-contre : la terrasse construite lors des travaux de rénovation du Cercle en 1930.

Ci-dessous : le grand salon de laque à cloisons mobiles, permettant de diviser la pièce en quatre salons de dimensions variables, réalisé par Robert Block.

Personnalité phare des chroniques mondaines de l'époque, Foujita mène une vie de bohème, dépensant sans compter jusqu'à ce qu'un redressement fiscal en 1928 le place en situation de faillite personnelle. C'est dans ce contexte qu'il reçoit la commande presque providentielle de Marc de Beaumont et du maréchal Pétain. Foujita se lance dans l'exécution de deux œuvres en 8 panneaux destinées à orner le bar, et aujourd'hui placées dans le salon du visiteur. Le prix négocié est de 5 000 francs.

D'inspiration japonaise, *Oiseaux d'eau* et *Oiseaux de terre* tranchent avec les nus féminins que peignait habituellement Foujita. L'artiste confia plus tard qu'il aimait revenir de temps en temps à un art plus traditionnel et serein. Ces œuvres mêlent plusieurs techniques: peinture à huile, encre de Chine et tempera sur feuille d'or. Elles sont composées chacune de quatre panneaux à la manière de paravents, et forment deux ensembles imposants, longs respectivement de 6,47 et 6,88 mètres pour une hauteur de 1,43 mètre. Très importants dans l'œuvre du peintre, ces panneaux ont fait l'objet de nombreuses études et d'une exposition au musée d'Art moderne d'Akita. Les toiles sont achevées en 1931, mais, malheureusement, Foujita n'assiste pas à leur inauguration. Il part subitement pour le Brésil, à l'insu de son épouse, Youki. Cette dernière trouve une lettre dans un tiroir, dans laquelle elle se voit «confiée à Desnos». Entre contrôle fiscal et rupture, il se voit à 43 ans exilé en pleine gloire.

Le peintre utilise de la peinture à huile, de l'encre de Chine et de la tempera sur feuille d'or appliquée directement sur la toile.

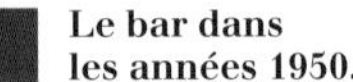
Le bar dans les années 1950.

Ci-contre : *Portrait de l'artiste dans l'atelier en 1926*, peinture de Tsuguharu Foujita (1886-1968).

Double page suivante : alors qu'en 1928 Foujita est un peintre très conceptuel de l'École de Paris, amoureux de la civilisation occidentale, intégrant des éléments modernes qui n'ont rien à voir avec la tradition japonaise, il se passionne, avec le travail des peintures murales commandées par l'Union Interalliée, pour une peinture de pure tradition. Il aborde alors des sujets très japonais, déjà présents dans son illustration des «Légendes japonaises»: oiseaux d'eau et d'air, à la manière des paravents anciens. Il aime à mélanger les techniques apprises aux Beaux-Arts de Tokyo et celles découvertes en Europe, mais reste sobre dans la technique, utilisant la peinture à l'huile, contrairement à ses homologues japonais.

Oiseaux d'eau et Oiseaux de terre,
Foujita, 1928.

Un Cercle qui poursuit sa mission d'accueil des hôtes étrangers

L'attrait exercé par la France dans les années 1920 ne touche plus seulement les voyageurs éclairés de la Belle Époque ou les militaires du premier conflit: l'Alliance française et les instituts culturels assurent la promotion du pays auprès des élites intellectuelles de nombreux pays, dont l'Amérique latine. La «génération perdue» américaine et canadienne a été fortement marquée par son passage à Paris pendant la guerre, et beaucoup d'entre eux reviennent dans la capitale pour s'y former ou exercer leur profession. Dans toute l'Europe, les élites sont éduquées dans les lycées français et se rendent fréquemment dans la capitale. Un quart des étudiants de la Sorbonne sont étrangers, et, dès 1925, la Cité internationale universitaire de Paris proclame son ambition de bâtir la paix entre les peuples en faisant cohabiter des étudiants de toutes nationalités.

Le Cercle Interallié est un des premiers lieux où ces visiteurs, de nationalités et de générations différentes, peuvent non seulement trouver un appui, mais aussi établir des relations directes avec des personnalités françaises de tous horizons. Dans quel autre cadre un jeune Américain pourrait-il assister à un concert de Saint-Saëns, découvrir une «performance» des Ballets russes ou croiser le légendaire maréchal Foch devisant avec le président de la République dans les jardins ?

Point de ralliement des cultures du monde entier, on croise au Cercle toute l'Amérique latine, comme l'écrit le prix Nobel de littérature guatémaltèque Miguel Ángel Asturias. L'ambassadeur brésilien Sousa Dantas, grande figure humaniste, y donne chaque semaine un déjeuner où se presse l'intelligentsia française. Morton Fullerton, un journaliste américain engagé dans la Première Guerre mondiale, fait partie de ses membres les plus fidèles, et cela jusqu'à sa mort en 1952. Sans doute y puise-t-il matière à ses articles sur les relations franco-américaines qu'il signe dans *Le Figaro*. Au Cercle, les Anglais ne sont pas en reste. Le prince de Galles, le futur Édouard VIII, y est fréquemment reçu. Quant à l'association France-Grande-Bretagne, elle y organise chaque année un banquet qui réunit toutes les personnalités politiques et culturelles qui comptent de l'un ou l'autre côté de la Manche. C'est à cette occasion que Rudyard Kipling prononce, en juillet 1931, un magnifique discours sur l'esprit de la paix entre les deux nations.

Le Cercle Interallié était un lieu de «rencontre» de la culture mais aussi du mode de vie français dans toutes ses acceptions: art, sciences, littérature, gastronomie, arts décoratifs... C'est ainsi que le futur empereur du Japon est conduit à plusieurs reprises, en 1921, au Cercle Interallié pour y faire son éducation européenne, rencontrer des entrepreneurs et, par la même occasion, applaudir les danseuses les plus célèbres telles que Carlotta Zambelli ou Aïda Boni.

Ainsi, pour les Français qui découvrent à peine le jazz, le cinéma parlant ou la puissance industrielle des États-Unis, le Cercle est également l'occasion de rencontres novatrices et enrichissantes, comme l'avaient ardemment souhaité les fondateurs dès l'origine. À l'image de la société parisienne de cette époque avide de nouveauté, le Cercle permet de poursuivre en temps de paix l'extraordinaire brassage culturel des élites entrepris à marche forcée pendant la guerre.

Le Cercle Interallié devient une «ambassade» et ses locaux abritent les réceptions des invités officiels, accueillant des expositions et des conférences.

Ci-contre, en haut : déjeuners dans les jardins.

Ci-contre, en bas : déjeuner offert par le comte de Beaumont en l'honneur de M. Percy Rockefeller, assis à sa droite.

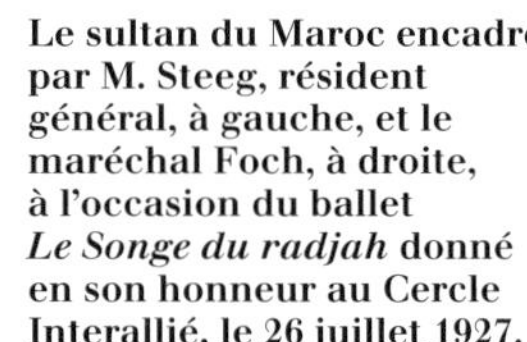

Le sultan du Maroc encadré par M. Steeg, résident général, à gauche, et le maréchal Foch, à droite, à l'occasion du ballet *Le Songe du radjah* donné en son honneur au Cercle Interallié, le 26 juillet 1927.

Une ambassade de la culture française

Le rayonnement de la capitale française a été le plus éclatant lors des Expositions internationales, qui ont attiré des millions de visiteurs. Celle de 1925 expose la quintessence de l'art de vivre à la française avec les grandes figures de Ruhlmann, Pierre Patout ou Le Corbusier. L'Exposition de 1937 offre au monde l'étonnante fresque de Raoul Dufy *La Fée électricité*, les cercles colorés dynamiques de Robert Delaunay ou l'œuvre engagée de Pablo Picasso *Guernica*.

Pour chacune de ces occasions, le Cercle Interallié devient une sorte d'ambassade, offrant ses locaux pour les réceptions des invités officiels, accueillant des expositions et des conférences.

UNION INTERALLIÉE

CELUY-CY EST LE MENU IDOINE DU DYNER DONNÉ EN LA DOULCE MÉMOIRE DE BRILLAT-SAVARIN, AUSSI DES SIEURS CADMUS, TAILLEVENT, PARFAIT, VATEL, CARÊME ET AULTRES CUISINIERS DE ROYS ET DE PRINCES. SERVY EN L'HOTEL DE L'UNION INTERALLIÉE, AVEC LA COLLABORATION DU *CLUB DES CENT*, LE JEUDY 22ᵉ JOUR DU MOYS D'AVRIL DE L'AN DE GRACE 1926.

Après le dîner offert en son hommage, le prince Hirohito assiste à une « audition musicale » en compagnie de ses hôtes.

Page de gauche : déjeuner en l'honneur du lord-maire de Londres sir Alfred Bower, le 25 juin 1925.

Ci-dessus et ci-contre : le 16 juillet 1930, une somptueuse réception fut donnée en l'honneur du bey de Tunis. Les ballets de l'Opéra animèrent la soirée.

L'INTERALLIÉ À LA VEILLE DE L'EXPOSITION INTERNATIONALE DE 1937

« L'ouverture, désormais prochaine, de l'Exposition internationale de Paris 1937 va remettre sur le plan de l'actualité les œuvres qui, chez nous, se sont donné pour mission de recevoir nos hôtes étrangers, de faciliter leur séjour parmi nous, de leur apprendre à connaître et à aimer notre pays.

Parmi ces organismes, et au tout premier plan, figure le Cercle Interallié. Tout le monde connaît son magnifique hôtel, 33, faubourg Saint-Honoré, où se donnent rendez-vous les grands citoyens de l'univers. On peut dire, avec la certitude de ne rien exagérer, qu'aucune institution n'a fait plus pour aider au prestige de la France et à son rayonnement dans le monde ; c'est que, fondé en 1917, dans les jours sombres de la guerre, le Cercle Interallié a conservé sa tradition, incarnée par les grands noms de Foch et de Cambon qui furent ses présidents, tout en donnant à son activité – que la crise a ralentie mais pas arrêtée – le sens pratique qui s'impose dans les temps nouveaux.

Nous sommes venus demander à son président actuel, le prince de Beauvau-Craon, quels étaient les projets de l'œuvre à l'approche de l'Exposition.

Il est certain – et nous nous en doutions bien – que la grande manifestation internationale prochaine appelait de la part du Cercle un effort tout particulier ; il ne s'y est d'ailleurs pas dérobé puisque, déjà, et au moyen de ses 200 clubs affiliés, disséminés dans tous les pays du monde, il a vulgarisé l'annonce de l'Exposition, mettant sur pied, par ailleurs, avec les organisateurs de cette dernière, une collaboration suivie au profit de nos prochains visiteurs.

Il est intéressant de noter ici que l'organisation de "déjeuners-conférences" fait partie du programme social du Cercle et que ceux qui ont été donnés depuis le début de cette année ont eu pour objet de faire connaître à l'élite française ce qu'étaient alors les projets des dirigeants de l'Exposition. Lorsque les visiteurs étrangers viendront au Cercle, ils y trouveront une hospitalité digne des traditions françaises et ils pourront, dans des conditions qu'ils ne trouveraient nulle part ailleurs, se mêler à la vie française. C'est que, en effet, la vie sociale du Cercle est intense: toutes les semaines, une conférence est donnée par un homme en vue de la pensée de notre pays; chaque mois, Mlle Nadia Boulanger y organise un concert toujours attendu particulièrement; chaque mois aussi, à l'heure du thé, et avec le concours effectif des dames du comité, une réunion a lieu avec, au programme, une séance cinématographique; l'été, dans le jardin, une fête, qui est un événement à Paris, se donne avant la clôture de la saison; un samedi sur deux, d'octobre à avril, et chaque samedi ensuite jusqu'en août, ont lieu les soirées dansantes, pleines d'entrain, qui réunissent dans une atmosphère d'élégance et de gaieté la jeunesse du Cercle car, s'il est vrai que celui-ci a une mission diplomatique et politique qu'il poursuit avec austérité, il ne faut pas croire que la gaieté et l'entrain soient tout à fait exclus des salons.

Signalons encore que, lorsque ces étrangers viendront en parcourant la France visiter les châteaux, les usines, les laboratoires, les institutions nationales, etc., le Cercle, organe de liaison entre le tourisme français et nos amis étrangers, mettra à leur disposition tout ce dont ils auront besoin.

Comme on le voit, l'Exposition de 1937 trouvera un prolongement mondain et social au Cercle Interallié. Ce n'est pas là l'un des moindres éléments de sa réussite, et nous nous félicitons, en remerciant le président du Cercle de nous avoir confié ses idées, de ce que l'un des principaux organismes nationaux ait si bien compris la place qu'il doit tenir lors d'une manifestation dont notre pays doit largement profiter.»

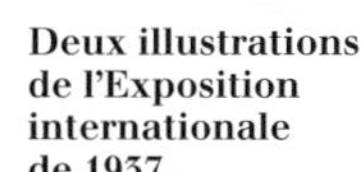

Deux illustrations de l'Exposition internationale de 1937.

GUY DE POURTALÈS

LA PÊCHE MIRACULEUSE

ROMAN

25 fr.

(Photo Wide World.)

L'EXPOSITION UNIVERSELLE DE LA PAIX

nit, le marbre, le bronze, les lumières apothéose avec le charme de Paris — nblées.

nquiètes qui roulent sur un univers

ın point du globe où l'on peut goûter :ée dans un cadre digne d'elle.

Le moindre de ses miracles n'est pas de nous montrer, inscrits dans l'orbe majestueux que forment nos musées, le couple russe et l'aigle allemand se mesurer sur le ciel dans une épreuve immobile.

Ainsi les sombres nuées et les bourrasques alarmantes se dissipent sous le vent heureux qui fait claquer les drapeaux de la France et de Paris... Et chacun, une fois de plus, apprend, devant un tel spectacle, que la Paix c'est — avant tout et toujours — un acte de foi en elle-même de l'humanité.

Les grandes figures artistiques

Dans une de ses lettres, Marcel Proust, cloué au lit par la maladie, se plaint amèrement de ne pouvoir se rendre à l'Interallié pour y admirer «Les 100 portraits», l'exposition dont parle le Tout-Paris. Ce regret n'est pas seulement dû au fait qu'un des portraits de l'écrivain y était exposé, mais parce que cette manifestation était de fait un événement culturel majeur. Le comte Marc de Beaumont assure lui-même depuis la création du Cercle Interallié la direction de la section culturelle, et son programme est digne des meilleures institutions de la capitale dans ce domaine. À partir de 1922, elle propose chaque jour une causerie, une conférence, une exposition, une rencontre dont la presse se fait largement écho. Les quotidiens comme *Le Figaro*, *Le Gaulois* ou *Le Petit Parisien*, annoncent tous les événements du Cercle, puis en font des comptes rendus fort détaillés. Ainsi, le Cercle va rapidement devenir une «scène» au sens plein du terme, où l'on peut découvrir en avant-première de nombreuses créations artistiques: Sacha Guitry, par exemple, affectionne particulièrement le Cercle Interallié pour ses premières théâtrales et cinématographiques.

Les catalogues des expositions et les programmes des fêtes sont toujours signés par des grands noms. Celui du bal des petits lits blancs du mardi 4 juin 1935, organisé au Cercle par *Le Jour*, est à lui seul un générique artistique du Paris des années 1930: les illustrations sont signées Raoul Dufy, Paul Colin, Cappiello, Marie Laurencin. Les textes sont de Colette, François Mauriac, André Maurois, Jean Cocteau, Pierre Mac Orlan, André Suarès, etc.

Un âge d'or littéraire

Parmi les intellectuels accompagnant les premières décennies du Cercle Interallié, Paul Valéry occupe assurément une place singulière, immortalisée par de nombreuses photographies officielles. Après la publication de son premier recueil de poésie en 1917, Paul Valéry connaît immédiatement une célébrité nationale et acquiert même à la fin de la guerre une stature de «poète d'État». Couvert d'honneurs, il poursuit son œuvre exigeante d'écrivain et de philosophe en multipliant les conférences, dont de nombreuses au Cercle Interallié. Conseillé et soutenu par Foch, il est reçu à l'Académie en 1925 avant d'occuper de nombreux postes officiels. Il décédera en juillet 1945, après avoir refusé de collaborer avec le maréchal Pétain, qu'il avait autrefois côtoyé à l'Interallié.

«À l'exposition du Cercle Interallié ("Les 100 portraits"), vous verrez mon portrait à défaut de moi.»

Correspondance de Marcel Proust, 1920.

Mais Paul Valéry n'est pas la seule silhouette littéraire familière du Cercle: c'est toute une génération qui se retrouve dans les salons et les jardins du 33, rue du Faubourg-Saint-Honoré. Le poète Charles Vildrac relate dans son journal un déjeuner à l'Interallié organisé par *Le Figaro*: parmi les convives, il cite André Gide, Jean Guéhenno, Paul Valéry, Henri Mondor, Pierre Seghers, Jean Schlumberger... et quelques autres! Il faudrait aussi évoquer Paul Claudel, Jean Mauriac, Paul Aubry, Henry Bordeaux qui donnent régulièrement des «causeries». Innombrables sont les témoignages d'écrivains sur les rencontres ou les moments remarquables vécus dans le cadre du Cercle. Paul Bourget raconte dans *La Rechute* un dialogue entre deux écrivains des années 1920: «La causerie ainsi dérivée sur la génération d'après-guerre allait se prolonger indéfiniment sous les vieux arbres du Cercle Interallié, contemporains de ceux qui subsistaient encore dans ce coin de Paris.»

Si tous ces intellectuels se retrouvent ici, ce n'est pas seulement pour la beauté exceptionnelle du cadre, mais bien parce que le Cercle Interallié présente la juste mesure entre un espace exclusif, où les rencontres sont choisies, et un «cercle» élargi, très diversifié, où les barrières figées d'avant-guerre n'ont plus lieu d'être. L'expression: «J'ai rencontré Untel à l'Interallié» est significative d'un cadre à la fois informel et codifié. Le Cercle Interallié n'est pas le seul cercle parisien, mais c'est sans aucun doute le plus représentatif des nouvelles élites d'après-guerre, tant sur le plan intellectuel que politique ou financier.

Portrait de Marcel Proust par Jacques-Émile Blanche (1892), exposé au Cercle Interallié en 1920.

L'arrivée au Cercle Interallié.

À gauche : autoportrait de Sacha Guitry qui fréquentait assidûment le Cercle Interallié.

Ci-dessous : dîners dans les jardins du Cercle.

La maison des prix littéraires

Tout au long de son histoire, le Cercle de l'Union Interalliée sera intimement lié à l'histoire des prix littéraires. La vocation artistique des lieux, la personnalité des membres du Cercle et aussi le hasard, parfois malicieux, feront que nombre de lauréats seront choisis ou annoncés dans les salons du 33, rue du Faubourg-Saint-Honoré.

Ce sont l'écrivain Anna de Noailles, l'initiatrice du prix Femina, et Edmée de la Rochefoucauld, présidente du jury pendant de longues années, qui, en qualité de membres du comité des Dames, vont installer au Cercle les délibérations du prix. Créé en 1904, son premier nom était «Femina-La Vie Heureuse» et avait bien sûr pour objectif de contrer la misogynie du prix Goncourt, lequel n'admettait pas de membres féminins. La presse a pendant très longtemps traité avec une condescendance non dissimulée ces «dames qui délibèrent de littérature comme on prend le thé sous les boiseries dorées de l'Interallié». *Le Figaro*, par exemple, prend un certain plaisir à décrire plus longuement les tenues des membres du jury que le résultat de leurs votes. Anna de Noailles raconte dans ses souvenirs qu'une année, des journalistes farceurs ont lâché des souris dans le salon de l'Interallié, croyant leur faire peur. Pourtant, les prix décernés par le Femina – dont seulement un tiers de femmes lauréates – n'ont pas à rougir devant ceux du Goncourt: Romain Rolland, Antoine de Saint-Exupéry, Claire Etcherelli, Marguerite Yourcenar, Jorge Semprún, pour ne citer qu'eux. Le Femina va incidemment faire naître un second prix littéraire, dans les salons mêmes du Cercle Interallié... ou plutôt au bar, selon les mauvaises langues.

Le 3 décembre 1930, les journalistes déjeunent au Cercle en attendant le résultat du vote du jury Femina. Celui-ci s'éternise et les supputations vont bon train. Il y a là une trentaine de reporters, photographes, dessinateurs, estafettes qui se prennent au jeu de désigner leur propre lauréat pour meubler l'attente. Pourquoi ne pas imiter les journalistes qui, en attendant le verdict du Goncourt en 1926, avaient lancé le prix Renaudot ? Les discussions s'animent et finalement, lorsque le Femina annonce le choix de Marc Chadourne pour son *Cécile de la Folie*, les journalistes déclarent en retour qu'ils décernent leur prix à un écrivain journaliste: André Malraux, donné favori au début de la saison pour le Goncourt, mais ne l'ayant pas obtenu. Le prix est baptisé dans la foulée «prix Interallié» en l'honneur du lieu qui les accueillait. Contacté immédiatement, André Malraux se rend au Cercle Interallié où il lève son verre en déclarant: «Je bois à cette féconde mystification!» Personne n'aurait alors parié sur la longévité du prix Interallié qui récompense toujours un journaliste et reste l'un des plus convoités de France.

Edmée de La Rochefoucauld, grande dame du Cercle

Edmée de La Rochefoucauld est une figure importante du paysage intellectuel et artistique du XXe siècle.

Née en 1895 à Paris dans une famille vouée à l'art et à la littérature, elle épouse en 1917 le comte Jean de la Rochefoucauld, ce qui ne l'empêchera pas de poursuivre une carrière artistique aussi riche que diversifiée. Elle s'intéresse aux mathématiques, à la peinture pointilliste – sa vocation première –, puis chromatique, mais également à la littérature à laquelle elle voue une véritable passion. Elle réunit autour d'elle à l'Interallié un véritable cénacle littéraire: Paul Valéry, Anna de Noailles, Louise de Vilmorin, Jean Giraudoux et bien d'autres écrivains qui font partie de ses proches. Elle laisse une œuvre importante, véritable témoignage de son époque aussi féconde que troublée. Edmée de La Rochefoucauld s'est également engagée dans le combat pour la cause des femmes. Dès 1927, elle dirige un journal, *L'Union nationale pour le vote des femmes*. Elle préside pendant près de vingt ans le prix Femina et le Comité des Dames et n'aura de cesse, au Cercle Interallié comme ailleurs, de promouvoir la cause des femmes jusqu'à son décès, le 20 septembre 1991. La création en 2000 du prix Edmée de La Rochefoucauld, récompensant chaque année au Cercle Interallié un premier roman, est un juste hommage à son engagement littéraire.

La duchesse Edmée de La Rochefoucauld.

Ci-dessous : « Déjeuner-causerie » de Paul Valéry à l'Interallié, le 26 mai 1936.

à l'amiral FOURNIER
Président du Cercle Interallié

MARCHE INTERALLIÉE

PAR

C. SAINT-SAËNS

Op. 155

Piano à 4 mains. . net: 3 fr. 50
Harmonie militaire. „
Chaque supplément „

1919

A. DURAND & FILS, Éditeurs
DURAND & Cie
Paris, 4, Place de la Madeleine
Déposé selon les traités internationaux.
Propriété pour tous pays.
Tous droits d'exécution, de traduction,
de reproduction et d'arrangements réservés

LETTRE DE L'AMIRAL FOURNIER À CAMILLE SAINT-SAËNS

« J'ai l'honneur de vous transmettre les remerciements unanimes et empressés du comité directeur pour la Marche interalliée *que vous avez bien voulu écrire à sa demande.*
Ce privilège exceptionnel d'avoir une marche musicale appropriée à son titre et l'illustrant, puisqu'elle est signée d'un grand maître, sera certainement dans l'avenir une des particularités enviées de ce cercle. »

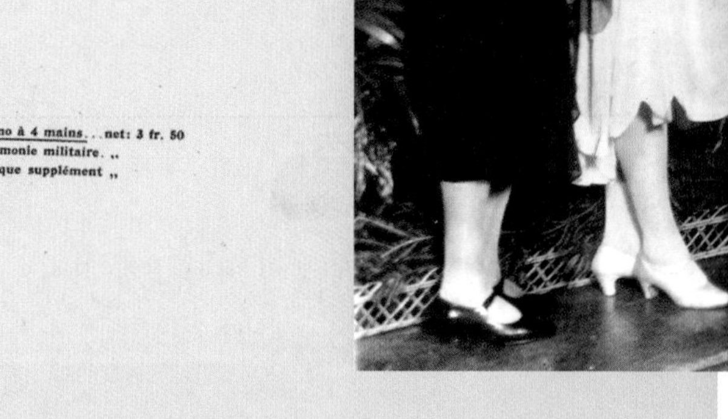

Ci-dessus : récital brésilien donné au Cercle Interallié, le 14 janvier 1930.

Ci-dessous : le corps de ballet de l'Opéra sur la scène du théâtre des jardins de l'Interallié par Henri Lelong dans *L'Illustration*.

Une tradition musicale

Dès la création du Cercle Interallié, une tradition musicale s'était établie sous le patronage du prince Nicolas Starjinsky et de la grande harpiste Lily Laskine, qui vont rapidement fédérer autour d'eux la communauté musicale de l'époque.

Le premier président du cercle, l'amiral Fournier, a lui-même commandé en 1919 une *Marche interalliée* au compositeur Camille Saint-Saëns. Cette œuvre pour piano à quatre mains porte d'ailleurs en tête de sa partition la dédicace: «À l'amiral Fournier, président du Cercle Interallié.»

Les concerts hebdomadaires du Cercle font sensation, avec une programmation souvent originale et progressive, largement ouverte aux compositeurs comme Claude Debussy ou Igor Stravinsky, encore objet de scandale quelques années auparavant.

Le Cercle n'hésitera pas, sur la recommandation de la famille Polignac, à confier à l'influente musicienne Nadia Boulanger l'organisation d'un concert mensuel. Ces rendez-vous musicaux étaient non seulement très appréciés des membres, mais également de la presse et du grand public puisqu'ils étaient tous radiodiffusés depuis le Cercle.

Recherché et parfois avant-gardiste dans la programmation musicale, le Cercle l'est également par ses représentations de danse, n'hésitant pas à mêler le grand répertoire dansé par les étoiles de l'Opéra à des ballets plus contemporains.

Olga Spessivtseva, la grande étoile de Leningrad, organise des ballets pour certains galas au Cercle Interallié. L'écrivain Félicien Champsaur raconte qu'une représentation de *L'Après-Midi d'un faune* de Vaslav Nijinski, sur la musique de Debussy, avait suscité au Cercle Interallié autant de critiques que d'éloges. Un danseur nu sous un académique fauve avec deux cornes dans les cheveux n'avait effectivement pas laissé le public indifférent...

Recherché et parfois avant-gardiste dans la programmation musicale, le Cercle l'est également par ses représentations de danse, n'hésitant pas à mêler le grand répertoire dansé par les étoiles de l'Opéra à des ballets plus contemporains.

UN NOËL MUSICAL, VU PAR PAUL VALÉRY

« Mardi dernier a eu lieu au Cercle Interallié la dernière séance musicale de l'année 1937. Chacun de ces concerts, que Mlle Nadia Boulanger organise et dirige, eût mérité que l'on s'y arrêtât, et pour plus d'une raison. Celui qui clôt la série a paru résumer et mettre en évidence le caractère original et remarquable que Mlle Nadia Boulanger leur imprime.
Le programme présentait sans interruption, reliés les uns aux autres, et comme à dessein enchevêtrés, une vingtaine de fragments consacrés à Noël. Un texte délicat de Mme Louise de Vilmorin unissait et éclairait cette suite charmante. Certains ont peut-être été déconcertés par le voisinage étroit d'œuvres parfois très différentes ou très éloignées dans le temps. D'autres y ont trouvé un enseignement.
[…]
C'est à elle [Nadia Boulanger], à sa conception très pure de la musique, à son intimité unique avec ce qu'Hoffmann nomme le royaume des sons, à mille autres choses encore que savent bien ceux qui l'entourent et l'admirent, que nous devons chaque mois d'assister au prodige de l'exécution parfaite de tant d'œuvres rares et choisies. Remercions aussi le Cercle Interallié et son président de nous offrir de telles séances. »
Paul Valéry, Le Figaro, *décembre 1937.*

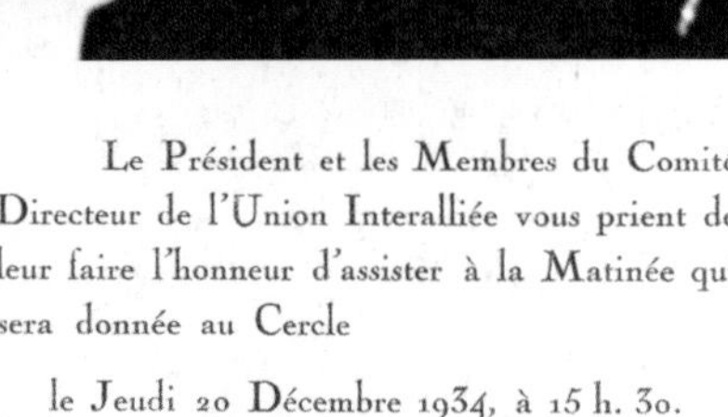

Le Président et les Membres du Comité Directeur de l'Union Interalliée vous prient de leur faire l'honneur d'assister à la Matinée qui sera donnée au Cercle

le Jeudi 20 Décembre 1934, à 15 h. 30.

organisée par

Mademoiselle Nadia Boulanger

33, faubourg Saint-Honoré

De la part de M

Le Président et les Membres du Comité Directeur de l'Union Interalliée vous prient de leur faire l'honneur d'assister au Concert qui sera donné le Mardi 19 Mai 1936, à 16 heures très précises (les portes seront fermées à 16 h.).

sous la direction de

Mademoiselle Nadia Boulanger

33, faubourg Saint-Honoré

De la part de M

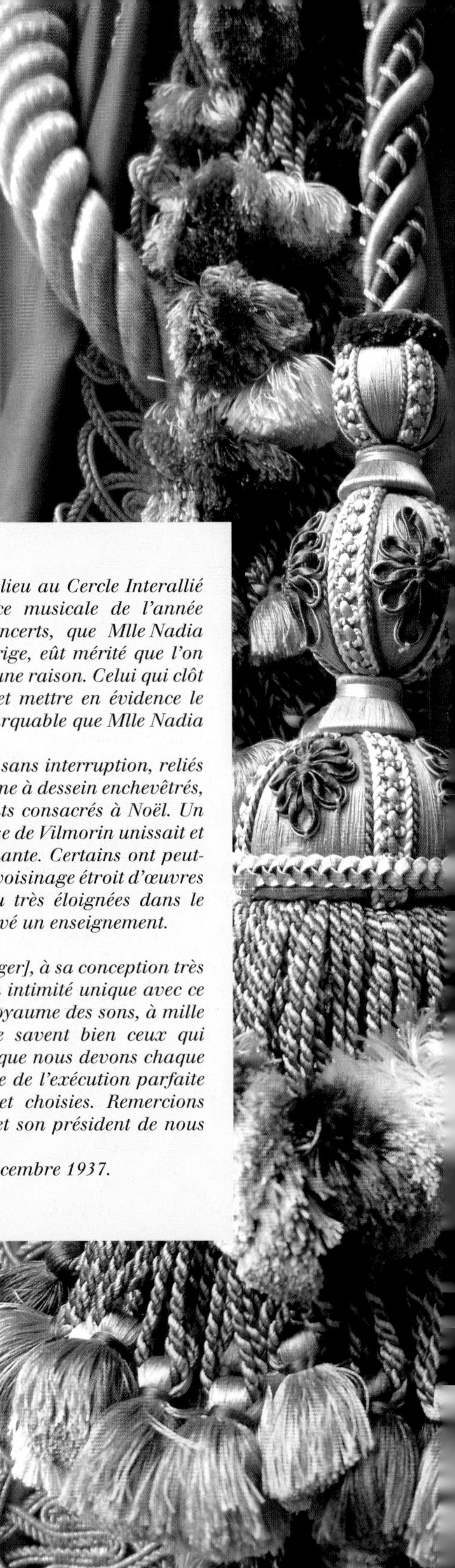

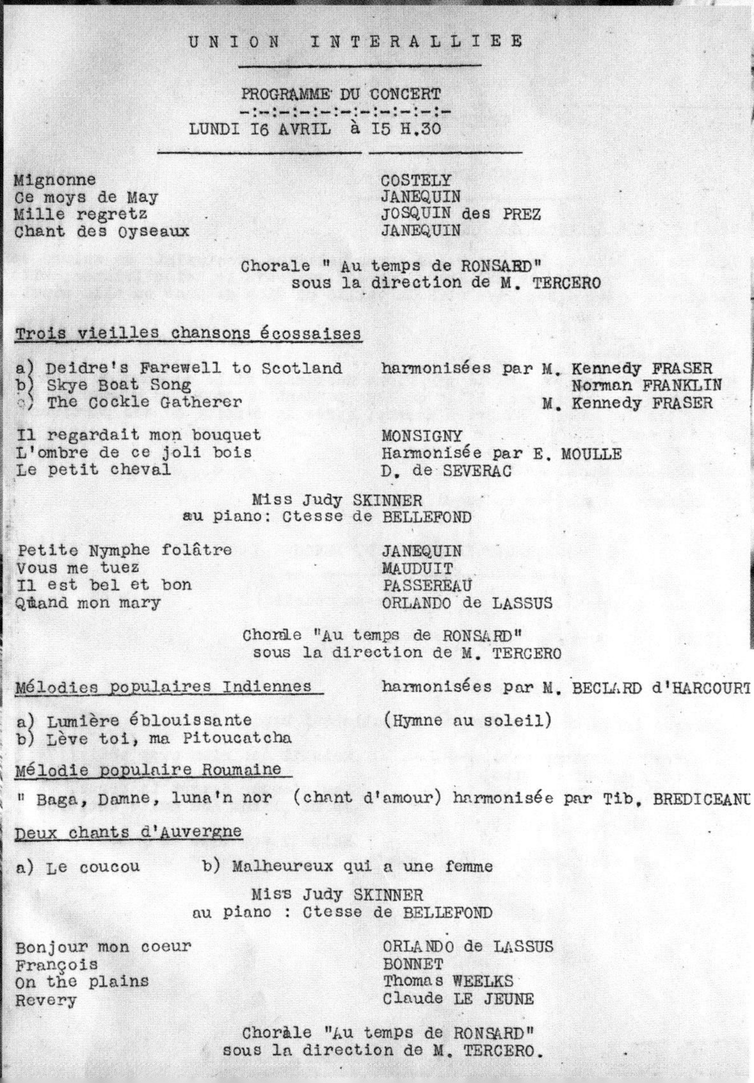

UNION INTERALLIEE

PROGRAMME DU CONCERT
-:-:-:-:-:-:-:-:-:-:-
LUNDI I6 AVRIL à I5 H.30

Mignonne	COSTELY
Ce moys de May	JANEQUIN
Mille regretz	JOSQUIN des PREZ
Chant des Oyseaux	JANEQUIN

Chorale " Au temps de RONSARD"
sous la direction de M. TERCERO

Trois vieilles chansons écossaises

a) Deidre's Farewell to Scotland	harmonisées par M. Kennedy FRASER
b) Skye Boat Song	Norman FRANKLIN
c) The Cockle Gatherer	M. Kennedy FRASER

Il regardait mon bouquet	MONSIGNY
L'ombre de ce joli bois	Harmonisée par E. MOULLE
Le petit cheval	D. de SEVERAC

Miss Judy SKINNER
au piano: Ctesse de BELLEFOND

Petite Nymphe folâtre	JANEQUIN
Vous me tuez	MAUDUIT
Il est bel et bon	PASSEREAU
Quand mon mary	ORLANDO de LASSUS

Chorale "Au temps de RONSARD"
sous la direction de M. TERCERO

Mélodies populaires Indiennes — harmonisées par M. BECLARD d'HARCOURT

a) Lumière éblouissante (Hymne au soleil)
b) Lève toi, ma Pitoucatcha

Mélodie populaire Roumaine

" Baga, Damne, luna'n nor (chant d'amour) harmonisée par Tib. BREDICEANU

Deux chants d'Auvergne

a) Le coucou b) Malheureux qui a une femme

Miss Judy SKINNER
au piano : Ctesse de BELLEFOND

Bonjour mon coeur	ORLANDO de LASSUS
François	BONNET
On the plains	Thomas WEELKS
Revery	Claude LE JEUNE

Chorale "Au temps de RONSARD"
sous la direction de M. TERCERO.

Une représentation de flamenco.

Ci-contre : le carton d'invitation d'une fête persane organisée au profit des victimes du tremblement de terre de Salmas en Iran, le 3 juillet 1930.

Page de droite : la soirée donnée en l'honneur de la reine de Roumanie fut unanimement reconnue par la presse comme l'une des plus brillantes de la saison ; les tenues des élégantes furent minutieusement détaillées par les gazettes, telle ici la revue *Femina*.

Fête vénitienne au profit des anciens combattants, le 28 juin 1929.

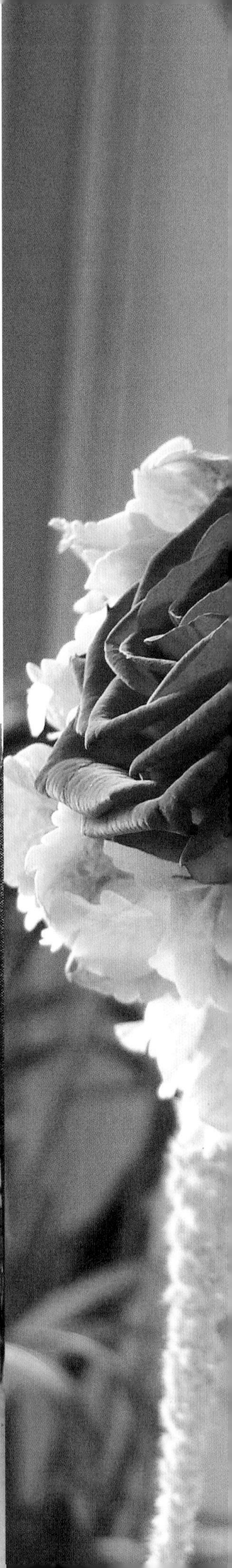

MADELEINE ET MADELEINE

Un Samedi soir, à l'Interallie.

GALA

de la

Grande Semaine de Paris

organisé

au profit de la Maison du Grand Mutilé

PROGRAMME

UNION INTERALLIÉE

Concert du Mardi 19 Mars 1935

Le théâtre de verdure de l'Union Interalliée.

Ballet donné à l'occasion du Festival d'art espagnol, le 10 mai 1927, pour le comité d'honneur madrilène de l'Union Interalliée.

hommes de science

Les sciences ne sont pas en reste au Cercle Interallié. Les grands savants de l'époque apprécient particulièrement de pouvoir y rencontrer des personnalités d'horizons différents. Le chirurgien et biologiste Alexis Carrel, prix Nobel en 1912, apprécie ainsi de pouvoir rencontrer des chefs d'entreprise tels qu'André Citroën. Frédéric Joliot-Curie, le gendre de Marie Curie, y déjeune fréquemment. Il assiste avec sa femme Irène, le 11 janvier 1936, à un dîner en l'honneur du prix Nobel qu'ils viennent de recevoir. Toute l'élite scientifique est réunie pour écouter le discours de Paul Langevin puis la conférence de Frédéric Joliot-Curie sur la «Constitution de la matière et la radioactivité artificielle», qui fera l'objet d'une publication scientifique en soi. Ce dîner est également resté dans les annales pour un détail : c'est à cette occasion que Frédéric et Irène adoptent officiellement le nom de famille «Joliot-Curie», quelques mois avant qu'Irène ne devienne sous-secrétaire d'État du Front populaire.

Ceux qui ont participé aux déjeuners du commandant Charcot ont tous gardé une forte impression de ce scientifique-explorateur hors norme, qui réunissait un jeudi par mois à l'Interallié les convives les plus prestigieux, scientifiques, hommes politiques ou artistes.

Participer aux activités du Cercle Interallié est ainsi le meilleur moyen à l'époque d'assurer ses « relations publiques » et de voir son nom imprimé dans les quotidiens ou dans *L'Illustration*. Pour mesurer ce rôle de creuset culturel de l'Interallié, il faut rappeler qu'entre les deux guerres il n'existait pas en France de ministère de la Culture, à peine un secrétariat des Beaux-Arts pour la gestion du patrimoine. Les musées étaient figés dans leur physionomie d'avant-guerre, et les lieux d'accueil pour les manifestations culturelles non officielles étaient rares. Le Cercle Interallié avait pleinement réussi l'adaptation de ses missions aux temps modernes.

Ceux qui ont participé aux déjeuners du commandant Charcot ont tous gardé une forte impression de ce scientifique-explorateur hors norme, qui réunissait un jeudi par mois à l'Interallié les convives les plus prestigieux, scientifiques, hommes politiques ou artistes.

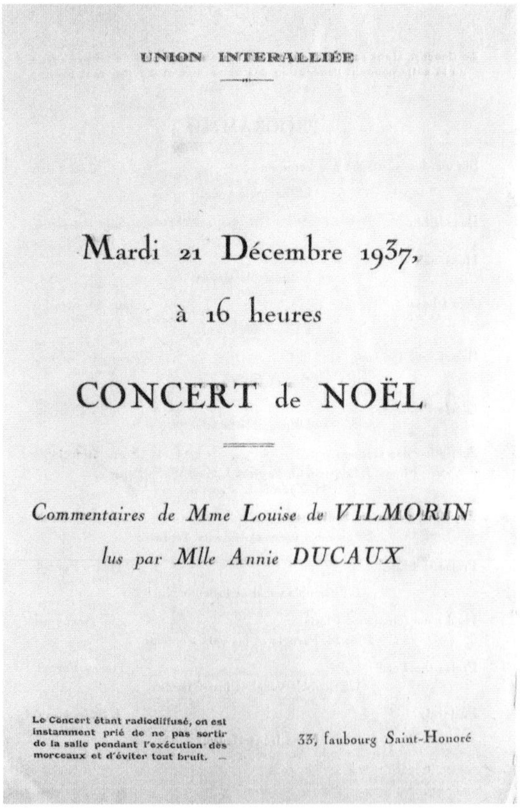

UNION INTERALLIÉE

Mardi 21 Décembre 1937,

à 16 heures

CONCERT de NOËL

Commentaires de Mme Louise de VILMORIN

lus par Mlle Annie DUCAUX

Le Concert étant radiodiffusé, on est instamment prié de ne pas sortir de la salle pendant l'exécution des morceaux et d'éviter tout bruit. —

33, faubourg Saint-Honoré

Ci-contre : Louise de Vilmorin s'est impliquée personnellement dans la vie culturelle du Cercle. Elle signe, ici, le programme du concert de Noël du 21 décembre 1937.

Page de droite : spectacle donné à l'occasion d'une fête annuelle.

CONFÉRENCES.

Mardi 10 Avril à 15 h. 30 M. Bernard FAŸ : *"Le problème de l'amitié franco-américaine"*.

Vendredi 20 Avril » M. Pierre LYAUTEY : *"M. Roosevelt et la Nouvelle Amérique"*.

Vendredi 27 Avril » M. François DUHOURCAU : *" Pierre Loti ou la moderne Odyssée"*.

Vendredi 4 Mai » M. Maurice DONNAY, de l'Académie Française : *" Quelques souvenirs sur le Théâtre en 1900"*.

Mardi 8 Mai » M. FUNCK BRENTANO, Membre de l'Institut : *" Un bohême de génie : Retif de la Bretonne"*.

Vendredi 25 Mai » M. Gérard BAUËR : *" Le portrait et les mœurs, de Manet à Van Dongen"*

Mardi 29 Mai » M. le Professeur MORET, Membre de l'Institut.

Vendredi 1er Juin » M. André MAUROIS : *" La Philosophie de Kipling"*.

FÊTE ANNUELLE. — Jeudi 28 Juin.

CONCERTS MENSUELS. — Avril : Lundi 16 à 15 h. 30.
Mai : Lundi 14 »

THÉS DANSANTS. — Ils auront lieu désormais tous les jeudis, à 17 h. 30, (prix 12 fr. tout compris).

BRIDGE. — Nous rappelons que MM. les Membres de l'Union Interalliée sont autorisés à amener au Bridge des personnes non membres du Cercle (la même personne ne pouvant venir jouer que trois fois dans la même année). Par ailleurs, les membres de la "Fédération française du bridge" ayant été autorisés provisoirement à disposer d'un salon du 2e étage les Mardi et Samedi de chaque semaine, MM. les Membres de l'Union Interalliée peuvent, s'ils le désirent, profiter de l'organisation de cette Fédération en jouant avec ses membres aux jours indiqués.

GOLF. — Nous avons renouvelé cette année encore notre accord avec le Golf de Compiègne où nos Membres peuvent jouer au golf et au tennis sans frais. D'autre part, les Membres de l'Union Interalliée pourront, cinq fois dans l'année, et sur présentation de leur carte de l'année courante, entrer à l'American Country Club d'Ozoir La Ferrière (Seine-et-Marne), sans payer de cotisation.

S'ils jouent au golf ils paieront la moitié de la redevance habituelle des joueurs.

4

PARIS OCCUPÉ… PARIS LIBÉRÉ !

RÉPUBLIQUE FRANÇAISE
RAPPEL IMMÉDIAT
DE
CERTAINES CATÉGORIES DE RÉSERVISTES
Par ordre du Ministre de la Défense Nationale et de la
immédiatement et sans délai
heures.

LE 30 SEPTEMBRE 1938, À LA SIGNATURE DES ACCORDS DE MUNICH, LA GUERRE EST DÉJÀ EN MARCHE. DEPUIS DEUX ANS, HITLER MULTIPLIE LES COUPS DE FORCE : L'OCCUPATION DE LA RHÉNANIE, L'ANSCHLUSS, L'ANNEXION DES SUDÈTES… PEUT-ON ENCORE SAUVER LA PAIX ? LES FRANÇAIS L'ESPÈRENT, ET LES 537 DÉPUTÉS QUI ONT APPROUVÉ LE TRAITÉ DE MUNICH VEULENT Y CROIRE.

D'autres condamnent la lâcheté des démocraties européennes face à l'expansionnisme hitlérien. Entre les Munichois et les anti-Munichois, les débats font alors rage au Parlement, à l'Élysée, mais aussi dans les salons du Cercle Interallié. Dans *Henri de Kerillis, 1889-1958 : L'absolu patriote*[1], paru en 1997, le journaliste politique Jean-Yves Boulic raconte qu'au « 33 », Henri de Kerillis – qui fut le seul député de droite à ne pas voter en faveur du traité de Munich – et le général Weygand eurent un échange houleux au sujet d'un livre d'Alphonse de Châteaubriant, *La Gerbe des forces*. Publié en 1937, il dressait un portrait très favorable d'Hitler…

Un an après Munich, la France entre en guerre, une « drôle de guerre » qui s'achève dans la débâcle. En juin 1940, les Allemands occupent Paris. Ils ont repéré le bel hôtel particulier sis au 33 de la rue du Faubourg-Saint-Honoré. Le Cercle Interallié occupé, il faudra toute la détermination de ses dirigeants – notamment l'amiral Lacaze et M. Doncieux son secrétaire général – et le dévouement de son personnel pour assurer sa pérennité.

Page précédente : mobilisation, en septembre 1939, à Paris ; affiches demandant le rappel immédiat de certaines catégories de réservistes.

1 Annick Lavaure et Jean-Yves Boulie, *Henri de Kerillis, 1889-1958 : L'absolu patriote*, Presses universitaires de Rennes, 1997.

Le général Weygand (1867-1965) à sa table de travail, vers 1938.

Le 2 septembre 1939, Édouard Daladier s'adresse à la Chambre des députés.

Le temps des restrictions

Dès l'ordre de mobilisation du 2 septembre 1939 qui touche plus de cinq millions de Français, le Cercle Interallié doit s'adapter aux nouvelles conditions pour remplir ses missions d'accueil, avec peu de personnel et des difficultés d'approvisionnement importantes. La débâcle et l'exode sont vécus par l'administration publique dans une panique et une confusion croissantes à mesure que les troupes allemandes se rapprochent de Paris, qu'elles occupent le 14 juin 1940 alors que les deux tiers de la population ont quitté la capitale. Si l'histoire politique et militaire de ces terribles années est bien documentée, un pan entier de l'occupation allemande demeure moins connu : celui de l'occupation des lieux privés pendant la guerre.

En effet, dès le premier jour commencent les restrictions. La carte de Paris est dramatiquement bouleversée pour les besoins de l'armée allemande. Plus de quatre cents hôtels sont immédiatement occupés, les officiers allemands se réservant tous les palaces. Les demeures particulières ne sont pas épargnées ; Himmler s'attribue par exemple la résidence de la princesse de Faucigny-Lucinge pour son usage personnel. Banques, cinémas, théâtres, musées, églises… des centaines de lieux publics et privés sont reconvertis selon un plan préparé depuis plusieurs années à partir des cadastres parisiens. Les Allemands veillent particulièrement au traitement de leurs officiers : les lieux de distraction et de plaisir sont nombreux dans cette nouvelle cartographie parisienne; les salles de sport sont mises aux normes d'hygiène de l'Allemagne hitlérienne, des dizaines de cabarets et lieux de spectacles sont confisqués par l'occupant.

Si l'histoire politique et militaire de ces terribles années est bien documentée, un pan entier de l'occupation allemande demeure moins connu : celui de l'occupation des lieux privés pendant la guerre.

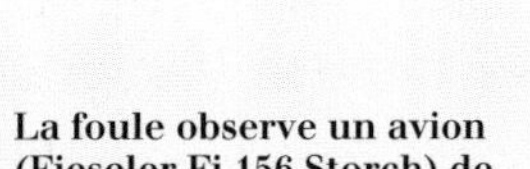

La foule observe un avion (Fieseler Fi 156 Storch) de la Luftwaffe posé place de la Concorde à Paris.

En bas à gauche : inauguration du mess pour officiers allemands en juillet 1942.

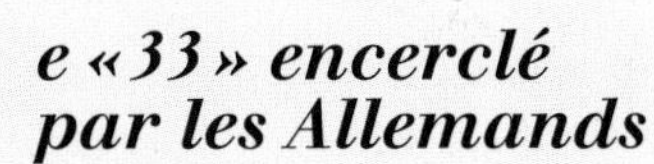

Le « 33 » encerclé par les Allemands

En juin 1940, le Cercle, que préside le prince Charles-Louis de Beauvau-Craon, élu à l'unanimité en 1936 après la disparition du comte Marc de Beaumont, subit de plein fouet les conséquences de l'Occupation, même si une partie du personnel est toujours en activité et si quelques centaines de membres sont encore présents à Paris : les restriction entraînent la fermeture du restaurant le dimanche, les repas ne comportent plus que 35 grammes de viande et le nombre d'invités est limité à trois. Les finances du Cercle sont également mises en difficulté en raison du non-paiement des cotisations de nombreux membres. Le Cercle, comme l'ensemble de la nation, applique les mesures de restriction. Les événements qui suivent nous sont connus par plusieurs témoignages. Tout d'abord, par le récit minutieux qu'en fit le secrétaire général du Cercle, M. Doncieux, mais aussi par le témoignage du prince Jean-Louis de Faucigny-Lucinge, membre du comité directeur depuis 1937 et très impliqué dans les affaires du Cercle durant cette période, et enfin par les souvenirs du comte Jean de Beaumont qui joua également un rôle majeur dans le devenir du Cercle.
Quelques jours après l'arrivée des troupes allemandes, un régiment d'artillerie ayant repéré les installations du Cercle vint y installer sa « popote » pour officiers et soldats, qui utilisèrent le rez-de-chaussée, les jardins et les cuisines. Jean-Louis de Faucigny-Lucinge précise que cette mise à disposition, approuvée par le président du Cercle, Charles-Louis de Beauvau-Craon, a été faite malgré les fortes réserves du comité directeur. Selon ce dernier, « à partir de ce moment, les portes de la maison furent fermées [aux membres du comité], si tant est [qu'ils eussent] voulu les franchir ». Dès qu'il fut démobilisé, le 6 août 1940, M. Doncieux rencontra le capitaine allemand qui était en charge du régiment et obtint que la salle Foch fût remise à la disposition des membres et pût être utilisée comme salle à manger, lui-même disposant toujours d'un bureau pour la gestion administrative du Cercle.

BAR

LE FONCTIONNEMENT DU MESS ALLEMAND

Ansicht vom Park — *Foto : Le Studio*

Das Pariser Offiziersheim

DIE Frage nach einem Heim (*), in dem die in Paris untergebrachten Offiziere und Beamte im Offiziersrang aller Dienststellen zwanglos ihre Mahlzeiten einnehmen und sich zu geselligem Beisammensein treffen könnten, wurde während der zwei Jahre der Besatzungszeit immer wieder erörtert. Man nahm indes Abstand, den Plan auszuführen, solange man unter Verhältnissen lebte, die es, mindestens dem von der Verpflegung abgesetzten Offizier, gestatteten, einigermassen billig in jedem Pariser Lokal zu essen. Die Umstände haben sich im Laufe der Zeit ganz wesentlich verändert. Schon die Einführung der Lebensmittelkarten machte einen entschiedenen Strich unter die bisherige Lebensführung des Soldaten. Eine andere, noch einschneidendere Tatsache machte sich in steigendem Masse bemerkbar : Die Teuerung auf der ganzen Linie, eine Teuerung gerade auch auf dem Gebiete des Restaurationsbetriebes, die mit dem gleichbleibenden Wehrsold oder Verpflegungssatz bald nicht mehr in Einklang zu bringen war.

Es gab auch immer häufiger Truppen, die aus dem Einsatz zur kurzen Rast nach Paris kamen und deren Betreuung dem Kommandanten besonders am Herzen lag. Die grossen Pariser Soldatenheime waren für ihre vorzügliche Verpflegung bald bekannt bei Offizier und Mann. Für die Soldaten gab es auch in jedem Heim besonders eingerichtete Räume für die wehrgeistige Betreuung und die Freizeitgestaltung. Noch aber fehlte es an einem Heim, in dem sich auch der Offizier wie zu Hause fühlen konnte. Immer dringender wurde von allen Seiten nach einer Stätte verlangt, an der man, nach einem anstrengenden und die Nerven immer mehr beanspruchenden Dienst unter seinesgleichen einige Stunden entspannen oder zu angemessenen Preisen seine Mahlzeiten einnehmen konnte.

Aus diesen Bedürfnissen heraus wurde der Gedanke der Errichtung eines Offiziersheimes Anfang Juni neu aufgegriffen und diesmal auch ausgeführt. Man fand ein ehemaliges Klubgebäude, das sich hierzu in hervorragendem Masse eignete. Ueber drei Stockwerke verteilte hohe und helle Räume verschiedenster Grösse, vom behaglichen Klubzimmer bis zum geräumigen Speise- und Gesellschaftssaal, im Unterstock Küche, Keller, Kühl- und Vorratsräume mit der gesamten zugehörigen Einrichtung, eine grosse Gartenterrasse mit davorliegendem gepflegten und ringsum abgeschlossenen Park, die Lage äusserst günstig — mitten im Herzen von Paris gelegen, nur fünf Minuten vom Concordeplatz entfernt, — alles das war wie geschaffen für ein Offiziersheim.

Bei der ersten Besichtigung freilich stellte sich heraus,

(*) Siehe auch « Besondere Mitteilungen » auf der letzten Seite des redaktionellen Teiles.

— 4 —

Treppenaufgang von der Halle aus — *Foto : Le Studio*

— 5 —

Extrait de la brochure éditée par les autorités allemandes en 1942 expliquant le choix de l'hôtel du Cercle Interallié et les fonctions du mess.

« Pendant très longtemps, il n'y a pas eu de lieu spécifique pour les officiers fonctionnaires allemands. […] Avec l'afflux de troupes venant du front est ayant besoin de se reconstituer, il est devenu nécessaire de trouver un lieu où les soldats puissent se sentir comme chez eux. Début juin, un endroit idéal a été trouvé: un ancien cercle sur trois étages avec des locaux clairs et lumineux, et des espaces de tailles différentes allant du petit boudoir à une grande salle de restaurant avec des caves, des cuisines et des réserves, une terrasse et des jardins, un parc fermé à cinq minutes à peine de la place de la Concorde. Quelques aménagements urgents étaient nécessaires mais ils pouvaient se faire assez vite (en trois semaines) afin que le commandant du Gross Paris (Grand Paris), le commandant Schaumburg, puisse ouvrir les lieux le 1er juillet 1942.

Tous les visiteurs étaient unanimes pour dire que ce lieu était parfait, à la fois lieu de repos et lieu de rencontres amicales […]. L'objectif était également que tous les services allemands disséminés dans la capitale puissent avoir un endroit où se rencontrer et se connaître. C'est un lieu dans ces temps difficiles où l'on peut oublier ses soucis, se remémorer ses racines, sa patrie, nouer de nouvelles amitiés. C'est un morceau d'Allemagne au centre de la capitale étrangère, un îlot où les Allemands se sentent appartenir à une communauté, à une camaraderie, où ceux qui rentrent du front peuvent ici se retrouver comme à la maison, se sentir enfin chez eux.

Le mode de fonctionnement: chaque mercredi, entre 18 h 30 et 22 heures, les officiers peuvent se retrouver par beau temps sur la terrasse […]. Les officiers peuvent également prendre leur petit déjeuner, un café l'après-midi à des prix très abordables. Nous rappelons que le personnel du mess doit obligatoirement demander à chacun les tickets en échange des repas. »

Vue du faubourg Saint-Honoré en 1941, avec le Cercle Interallié sur la partie gauche.

Les renseignements généraux n'enregistrent officiellement la réquisition du Cercle par les autorités allemandes que le 8 septembre 1940. À la même date, l'hôtel voisin des Pereire est également réquisitionné ainsi que le 41, rue du Faubourg-Saint-Honoré, la résidence de Maurice de Rothschild, qui va devenir ensuite le mess des officiers de la Luftwaffe. Au début de 1941, les artilleurs allemands quittent les lieux, et le Cercle bénéficie d'une relative tranquillité. Il va pouvoir cette fois accueillir l'Automobile Club, dont les locaux, place de la Concorde, ont été réquisitionnés en totalité. Pour un loyer de 47000 francs mensuels, le Cercle met à disposition de l'Automobile Club un grand salon au premier étage. Quand, le 7 août 1941, les autorités militaires allemandes décrètent la cessation des activités du Nouveau Cercle – 288, boulevard Saint-Germain –, l'Interallié va également accueillir les membres qui en font la demande. La vie quotidienne du Cercle reste difficile, malgré les demandes réitérées de bons de ravitaillement supplémentaires.

En décembre 1941, une importante décision est prise par le comité sous la présidence du prince de Beauveau-Craon, qui rappelle en réunion le changement des statuts en 1936 : le Cercle se destine à accueillir tous les membres étrangers «à l'exception de la Russie soviétique». Selon le président, si le nom du Cercle n'avait pas été changé, c'est simplement parce que aucune nouvelle dénomination n'avait fait l'unanimité. C'est dans ce contexte qu'est proposé un nouveau nom : «Union intercontinentale». Le mot «union» est conservé pour garder le statut d'association. Cette nouvelle appellation est dûment publiée dans le *Journal officiel* le 12 janvier 1942, même si, en pratique, peu de gens l'utilisent. Toutefois, l'Occupation se poursuivant, les Allemands élargissent les réquisitions de lieux privés. La position du Cercle a, de fait, de quoi susciter toutes les convoitises : il dispose d'une sortie de sécurité sur l'avenue Gabriel, le quartier général de l'état-major allemand est installé à deux pas, au Crillon, où résident beaucoup d'officiers de la Wehrmacht. La Luftwaffe a installé son Q.G. au 62, rue du Faubourg-Saint-Honoré et la Kommandantur du *Gross Paris* a emménagé à l'hôtel Meurice. Quant à l'église de la Madeleine, elle est convertie au culte protestant pour les officiers. Pour les Allemands, qui cherchent un mess prestigieux, le Cercle est un lieu idéal.

Le Cercle Interallié hors les murs

En février 1942, le comité, soucieux de la préservation architecturale de l'immeuble, est contraint d'effectuer des travaux urgents malgré des finances sensiblement en baisse.

Mais, deux mois plus tard, une délégation d'officiers allemands rend visite à M. Doncieux et lui donne quarante-huit heures pour évacuer les lieux, sans rien déplacer ni emporter, faisant apposer les scellés sur l'entrée de la cave, alors très réputée, et qui allait devenir l'objet de toutes les convoitises. Les membres du comité directeur multiplient les demandes auprès de l'ambassade et des autorités allemandes qui proposent de mettre à la disposition du Cercle l'ancienne loge maçonnique du 5, avenue de l'Opéra. Une seconde option sera envisagée : un hôtel particulier de la rue Quentin-Bauchart. Jean de Beaumont tente de négocier une partie des biens mobiliers du Cercle. M. Doncieux note : «À ces protestations aucune satisfaction ne fut donnée, sauf partiellement, pour les vins saisis.» La décision de fermer les salons le 31 mai au soir est prise par le comité, un inventaire précis est dressé par M. Doncieux. Mais, à aucun moment, on n'envisage de mettre fin à l'existence du Cercle, bien au contraire.

L'urgence était de trouver de nouveaux lieux pour que le Cercle puisse continuer de fonctionner. C'est l'amiral Lacaze qui négocie finalement son

Quarante-huit heures pour évacuer les lieux, sans rien déplacer ni emporter, faisant apposer les scellés sur l'entrée de la cave, alors très réputée, et qui allait devenir l'objet de toutes les convoitises.

CONSTITUTION
Notre article unique
Tout gouvernant français devra avoir moins de 45 ans
et une vue parfaite.

Paris-soir

Numéro 22 — 37, rue du Louvre, Paris (2e)

SAMEDI
13
JUILLET
1940
ABONNEMENTS
37, rue du Louvre
PARIS (2e)
PARISOIR PARIS
SIXIEME
ÉDITION
50 cent.

LE PRESIDENT DE LA REPUBLIQUE *A DONNÉ SA DÉMISSION*

A PUTEAUX

Tout va très bien et l'on se félicite de l'absence de M. le Maire..

Ce n'est un secret pour personne ; nous pouvons, ici, en parler en toute liberté, en toute tranquillité ; constatons donc que les défections furent nombreuses, parmi le personnel « officiel », au cours de ce funeste mois de juin. Constatons que certaines « personnalités » furent au-dessous de leur tâche, que certaines municipalités s'éclipsèrent avec une hâte en vérité... remarquable.

La chose est déjà jugée, n'est-ce pas ?

Aussi bien ne s'agit-il plus maintenant de rappeler des torts connus, appréciés de tous. Nous voulons aujourd'hui attirer votre attention sur ceux qui, inconnus

« Nous nous sommes occupés, très vite, des enfants errants dans la rue. Deux instituteurs ont battu le rappel et réuni d'abord 50 enfants. Aujourd'hui, 600 vont en classe. Nous préparons le retour des écoliers qui furent évacués en Normandie et en Bretagne.

— Le travail ne manque pas, avons-nous constaté.

— Sans doute, a souri M. de Peyralade, mais le courage non plus... »

Il n'y avait, n'est-ce pas ? plus rien à ajouter...

André MORANE.

Une de «Paris-Soir», 13 juillet 1940. Démission du président Lebrun.

Ci-dessous : le siège du Nouveau Cercle, 288, boulevard Saint-Germain.

Ci-contre : le salon de billard (en haut) et le salon de lecture (en bas).

transfert dans les locaux du Nouveau Cercle, boulevard Saint-Germain, inoccupés depuis août 1941 en dépit des tentatives de réquisition allemandes. Le conseil du Nouveau Cercle, devant l'urgence, sous-loue ses locaux au Cercle Interallié, ou plutôt à «l'Union intercontinentale», ainsi qu'à tous les cercles qui avaient trouvé asile faubourg Saint-Honoré et à l'Automobile Club. Paradoxe de l'histoire, le Cercle allait donc quitter le faubourg Saint-Honoré et franchir la Seine pour s'installer dans le faubourg rival, au 288, boulevard Saint-Germain, à l'angle des quais de la Seine, face au palais Bourbon, moyennant un loyer annuel de 150 000 francs et une indemnité de 120 000 francs pour le mobilier avec un engagement de six mois renouvelable. Le personnel reste engagé par l'administration du Cercle, exception faite de ceux qui ont trouvé un poste provisoire.

Ce bel immeuble, qui abrite aujourd'hui la représentation de la Commission européenne, a été construit pour le Cercle agricole – l'ancêtre du Nouveau Cercle – en 1867. C'est un modèle d'architecture du second Empire avec ses deux portes cochères donnant accès à une cour surmontée d'une majestueuse coupole. Boulevard Saint-Germain, les membres du Cercle Interallié encore présents à Paris peuvent profiter des locaux très confortables, même si les services offerts n'ont plus rien à voir avec ceux d'avant-guerre. Une partie du personnel est mobilisée, le dîner n'est plus assuré et le couvre-feu impose une fermeture à 23 heures. Les tickets de rationnement des membres, avec lesquels ils règlent leurs déjeuners, ne permettent qu'un approvisionnement frugal.

La parenthèse germanopratine

Au décès du prince de Beauveau-Craon, en septembre 1942, les membres du comité sont pour la plupart éloignés de la capitale. C'est l'amiral Lacaze, au titre de président transitoire, et Michel Homolle, le directeur de la Compagnie de Suez, au titre de trésorier, assistés du prince de Faucigny-Lucinge, qui eurent la charge d'assurer la pérennité du Cercle hors les murs, avec des finances instables malgré le dépôt d'une demande d'indemnité d'occupation. L'hôtel du faubourg Saint-Honoré devint donc le mess d'officiers (*Offiziersheim*) de la Kommandantur du *Gross Paris*, parfois appelé *Kasino* par les officiers, servant jusqu'à huit cents repas par jour et organisant de nombreuses réunions et réceptions. Quant au contenu de la fameuse cave, il fit l'objet d'une transaction : la moitié du stock serait laissée aux Allemands et payée par eux à condition que l'autre moitié (quelque vingt mille bouteilles!) soit enlevée dans les soixante-douze heures, ce qui fut fait lorsque la Compagnie de Suez offrit son sous-sol de l'avenue d'Iéna.

L'occupation du Cercle se poursuivit de mai 1942 à août 1944. M. Doncieux continuait, en liaison étroite avec le prince de Faucigny-Lucinge, de s'occuper de l'installation et du bon fonctionnement du Cercle boulevard Saint-Germain, mais il avait une relative liberté de circulation faubourg Saint-Honoré, où un grand bureau au second étage abritait toujours le secrétariat.

Il est à noter, dans la presse de l'époque, la mention d'un «Cercle Interallié» fonctionnant à Alger, où se retrouvaient les officiers français et alliés et les personnalités de passage. Créé par l'ancien consul de France à Tanger, celui-ci n'avait aucun lien avec le Cercle Interallié, même si plusieurs en parlent comme de l'Interallié sous l'Occupation. Ainsi, Robert Aron signale, en février 1943, à Alger, «l'ouverture du Cercle Interallié ou tout au moins ce qui en tiendra lieu tant que Paris sera occupé». Le terme de «Cercle Interallié d'Alger» figure également dans les archives du cabinet du général de Gaulle.

L'occupation du Cercle se poursuivit de mai 1942 à août 1944. M. Doncieux continuait, en liaison étroite avec le prince de Faucigny-Lucinge, de s'occuper de l'installation et du bon fonctionnement du Cercle.

Paris libéré : le temps des confusions

À la veille de l'arrivée à Paris de la deuxième DB, les Allemands évacuent le faubourg Saint-Honoré dans la précipitation. Le prince de Faucigny-Lucinge reçoit un appel de M. Doncieux qui a vainement tenté de récupérer les clés du Cercle auprès des Allemands à l'hôtel Crillon. Les deux hommes se retrouvent au 33, rue du Faubourg-Saint-Honoré, lorsqu'un camion allemand s'arrête devant le portail de l'entrée ; des soldats en sortent, braquent leurs fusils contre eux, les alignent contre le mur en réclamant les vins gardés dans la cave. M. Doncieux et Jean-Louis de Faucigny-Lucinge cherchent à gagner du temps, n'ayant de toute façon pas les clés. Le second est finalement renvoyé et se précipite au commissariat le plus proche, où règne la plus grande confusion. Au même moment est signée la reddition du général von Choltitz à la gare Montparnasse. Une heure et demie après, Doncieux appelle enfin : la cave a été forcée par les Allemands qui ont emporté une faible part de son contenu et détruit le standard téléphonique. Dans son ouvrage sur la libération de Paris, l'historien anglais Antony Beevor décrit pour sa part un pillage plus important : «Vers le 16 août, au moment même où les Allemands quittaient précipitamment la capitale, un groupe de soldats, sous les ordres d'un officier, a pris le temps de charger plusieurs camions avec les bouteilles de la cave de l'Interallié. Dans la rue, d'autres véhicules militaires et civils, dont des ambulances et un corbillard, chargeaient tout ce qui pouvait avoir de la valeur : meubles anciens style Louis XVI, médicaments, œuvres d'art, pièces mécaniques, bicyclettes, tapis roulés, produits alimentaires.»

M. Doncieux en profita pour inspecter la maison, laissée sans électricité. Les lieux avaient été relativement bien entretenus et la cave renfermait encore quarante mille bouteilles, dont une partie provenait de la saisie allemande. Mais les pérégrinations du Cercle n'étaient pas finies pour autant…

Ci-dessus : le 8 mai 1945 sur les Champs-Élysées à Paris. Des Parisiennes vêtues de robes aux couleurs des drapeaux des Alliés (Grande-Bretagne, France, États-Unis et Russie) célèbrent l'annonce de la victoire.

Ci-contre : journal *Libération* (édition de Paris) du 23 août 1944. Papier imprimé, 1944.

Aux armes citoyens...

LIBÉRATION

ÉDITION DE PARIS

MERCREDI 23 AOUT 1944

N° 3 — 2 FRANCS

LE JOUR EST ARRIVÉ

LE C. N. R. appelle à la lutte SANS MERCI

PARIS, LE 22 AOUT 1944.

PARISIENS,

L'insurrection du peuple de Paris a déjà libéré de nombreux édifices publics de la capitale. Une première grande victoire est remportée.

La lutte continue. Elle doit se poursuivre jusqu'à ce que l'ennemi soit chassé de la région parisienne.

Plus que jamais tous au combat.

Répondez à l'ordre de mobilisation générale, rejoignez les F.F.I.

Toute la population doit par tous les moyens empêcher la circulation de l'ennemi.

Abattez les arbres, creusez des fossés anti-chars, dressez des barricades.

C'est un peuple vainqueur qui recevra les Alliés.

Le Comité Parisien de Libération.

Le Conseil National de la Résistance, compte tenu de la situation intérieure dans la région parisienne, le 21 août au soir, fait sien l'appel du Comité Parisien de la Libération ci-dessus qui contient les consignes valables pour toute la Résistance et toutes les Forces Françaises de l'Intérieur.

Paris debout ARMES EN MAINS MARCHE AU-DEVANT *de sa libération*

HIER, la veillée d'armes.

Le combat aujourd'hui.

Au sommet de la côte, quand la route, toute droite, s'ouvre devant nous, jusqu'au but, rien ne sert de regarder en arrière. La trêve, cette trêve inconstante, a pris fin. Dénoncée, du maléfice de l'ennemi, par ceux-là même qui l'avaient, sans enthousiasme, acceptée.

Elle pouvait avoir, lorsque, demandée par le général commandant en chef du Grand-Paris, elle fut acceptée, un avantage : préserver Paris des raids sauvages de deux ou trois divisions de S.S., harassés, vaincus, haineux.

Elle avait, en contre-partie, permis à l'ennemi une opération tactique importante : le regroupement de forces trop vulnérables en ordre dispersé.

C'est fini. La trêve est dénoncée. Les accords sont rompus.

Le combat recommence. Si l'ennemi le veut. Et il semble bien, dès les premières escarmouches, que l'ennemi, à Paris, défend sa peau.

L'insurrection est commencée. Dès le matin, avec, même, un peu d'avance sur l'horaire. La rive gauche part en pointe. D'abord, place du Panthéon, les formations adverses régulières remportent un initial succès. Le feu concentré de quelques unités blindés arrose d'un tel jet les fenêtres de deux états-majors, que ceux-ci doivent être évacués par prudence. Et puis, tout d'un coup, l'incendie s'allume, dans toute la ville, avec ampleur, méthode, ardeur et foi.

Le pavé de Paris...

L'heure est venue. Pourquoi le taire ? L'ordre était donné, hier après-midi, de disperser par des attaques incessantes, des combats en flèche, les formations groupées de l'ennemi.

Une guerre de partisans. Le tempérament parisien se prête, d'emblée, à ces opérations brus-

de l'Opéra, les cubes de bois font un abcès. Ailleurs, rue du 4-Septembre, c'est une poche qui est creusée dans la chaussée. Il y a des plaies, rue de Rivoli, devant les arcades du Carrousel, des plaies pansées avec des barricades, rue de l'Echelle.

Les balles sifflent, sur les quais, comme des abeilles meurtrières.

Paris, le « gay Paris » ô conquérants qui n'avez pas compris. Paris, d'un seul jet, se retrouve : *« Paris, qui n'est Paris qu'arrachant ses pavés ».*

Des tanks, des chenillettes avancent leurs inspections prudentes d'insectes lourds. Contre ces combattants pataude et cuirassés, le gosse de Paris — vingt ans, une chemisette Lacoste et la gouaille aux lèvres — avance le geste précis de la grenade lancée. Des blindages légers s'opposent. D'un même type. Ceux des nôtres, on les a conquis, la veille, à l'ennemi.

Une aube libre...

Rafales aux carrefours. La Ville, ce soir, ne va pas s'endormir.

« Il n'y a pas de couvre-feu », a déclaré, péremptoire, l'état-major des F.F.I.

Il n'y a pas de couvre-feu. Mais il y a la mobilisation souterraine, sournoise, du monde des travailleurs.

Le courant ne sera pas coupé, quand le courant sera nécessaire à l'insurrection. Il n'y aura pas de courant dans les qurtiers où l'ennemi ne dispose pas de projecteurs. Le sabotage est à l'affût du coup à frapper.

Aussi, d'un bond, militairement, l'armée régulière des forces de police a rejoint à l'heure dite, les agents camouflés en F.F.I. Ce sont des gardes républicains casqués, la mitraillette au poing, qui protègent le comité gouvernemental de Matignon.

La trame, longuement tendue, durcit le piège où s'est empêtré l'ennemi.

Et il semble bien qu'on entende, dans cette nuit

La gravité de la situation est telle que nous ne saurions la dissimuler au peuple allemand

déclare le général DITTMAR à la radio allemande

Berlin, 22 août. — Le général Dittmar, commentateur attitré de la radio allemande, a déclaré ce soir :

« La gravité de la situation est telle que nous ne saurions la dissimuler au peuple allemand. »

Le général Dittmar a notamment souligné le caractère alarmant des événements militaires qui se déroulent à l'Ouest.

Le premier journal clandestin allemand vient de paraître à Leipzig

Berne, 22 août. — Le premier journal clandestin allemand vient de paraître à Leipzig sous le titre « Es stimmt » (C'est juste).

LA TENAILLE des armées américaines S'EST REFERMÉE SUR PARIS

Au cours d'une avance rapide et tenace toutes les forces allemandes ont été bousculées et dispersées

Sur les soixante-cinq divisions que les Allemands avaient en France, cinquante ont été anéanties ou immobilisées ; les quinze autres se font battre dans le Sud-Est

Les Alliés marchent vers les champs de bataille familiers du nord-est ; une nouvelle route d'invasion est ouverte

La marche vers l'est des colonnes blindées américaines passant au nord et au sud de Paris s'est poursuivie hier, tandis qu'en Normandie les Américains lançaient une violente offensive le long de la rive sud de la Seine en direction de la mer et que la bataille d'anéantissement des restes de la 7e armée allemande continuait.

Les autorités militaires alliées persistent à couvrir d'un voile de mystère la marche des éléments avancés alliés dans la région autour de Paris et devant la capitale.

Il est cependant possible de donner quelques précisions sur l'évolution de la situation en se basant sur les dépêches de correspondants de guerre alliés et même sur les informations fournies par l'ennemi.

Au nord-ouest de Paris, les forces américaines élargissent rapidement leur tête de pont sur la rive nord de la Seine, et une colonne américaine semble avoir pris nettement la direction de l'Est pour former l'une des branches de la vaste tenaille qui se crée autour de Paris.

Au sud-est de la capitale, de durs combats étaient en cours depuis 48 heures autour d'Etampes.

Hier soir, les Allemands ont annoncé l'évacuation de cet important nœud routier et ferroviaire, ainsi que de Malesherbes, entre Etampes et Fontainebleau.

Le passage de la Seine à l'est de Fontainebleau

LE PREMIER CONSEIL DES MINISTRES S'EST TENU A L'HOTEL MATIGNON

Les premières mesures envisagées sont d'ordre judiciaire

Ci-dessous : après avoir descendu les Champs-Élysées, le général de Gaulle salue la foule place de la Concorde.

Page de droite : la foule de Parisiens réunie sur les Champs-Élysées assiste au défilé des chars alliés après la libération de Paris, le 25 août 1944.

VIVE DE GAULLE

L'intermède de la Maison des Alliés

Le 17 août 1944, l'amiral Lacaze reçoit un ordre de réquisition signé par Georges Bidault, le successeur de Jean Moulin à la tête du Conseil national de la Résistance et compagnon de la Libération. En effet, le général de Gaulle souhaite la mise à disposition de l'hôtel du Cercle Interallié pour accueillir les diplomates et les hautes personnalités des nations alliées. Il s'agirait d'une occupation provisoire de quelques semaines, à la suite desquelles le Cercle pourrait retrouver ses salons, ses activités et son indépendance. L'amiral Lacaze, approuvé par les membres du comité directeur, accède à la demande du général, sans se douter qu'elle aura des suites pernicieuses.

Car ce n'est pas le général de Gaulle qui s'installe au «33», mais un petit groupe de femmes mené par Simone Bourgès-Maunoury, épouses de résistants ou auxiliaires de l'armée de terre, qui utilisent l'ordre de réquisition pour y fonder leur propre cercle : la Maison des Alliés. Cette dernière recrute des adhérents et délivre des cartes de membre. La confusion s'installe donc : la plupart des visiteurs de la Maison des Alliés persistent à l'appeler «Cercle Interallié». Or, on le sait, le Cercle de l'Union Interalliée, le vrai, est resté de l'autre côté de la Seine, boulevard Saint-Germain. Et il continue de vivre ! En 1944, le comité de direction vote la création d'une caisse de retraite pour les salariés du Cercle. Pour financer cette mesure, mais aussi en prévision du retour rue du Faubourg-Saint-Honoré, on décide une hausse des cotisations – elles n'avaient pas été réévaluées depuis 1931 ! Le retour, hélas, n'est pas pour tout de suite.

Il faudra plus de deux ans pour que la Maison des Alliés évacue enfin les lieux. Pendant ce temps, ce cercle concurrent ouvre ses portes aux hommes politiques, aux intellectuels, mais aussi aux hauts fonctionnaires, qui viennent y déjeuner, car les services de restauration des ministères ne fonctionnent toujours pas. C'est là, en mai 1945, qu'André Malraux tente d'étouffer le feu d'une interview fleuve qu'il avait accordée au jeune journaliste Roger Stéphane. «Si vous en publiez une ligne de mon vivant, vous aurez affaire à moi», lui dit-il, menaçant. La guerre, la Résistance, la littérature, toutes les convictions, les amitiés, les inimitiés de Malraux sont réunies dans cet entretien brûlant. Paul Éluard, Sartre, Aragon, Elsa Triolet en prennent pour leur grade. Si Roger Stéphane tient sa promesse de ne pas publier l'article, le mal est fait, car l'interview circule déjà sous le manteau… C'est encore dans cette Maison des Alliés abusivement considérée comme le Cercle Interallié que, en juillet 1945, Claude Mauriac s'aperçoit que la guerre a fané sa très forte complicité avec André Gide. «J'ai donc passé la soirée d'hier avec André Gide que j'avais invité à dîner à l'Interallié. Dès les premières secondes, je compris à une certaine mauvaise qualité du silence entre nous que l'irrémédiable s'était produit», écrit-il dans *Conversations avec André Gide*.

La petite et la grande histoire s'entrechoquent avec ironie dans une anecdote de Simone de Lattre de Tassigny. Voulant organiser un goûter dans «les jardins de l'Interallié» avec son groupe de bénévoles, elle opte pour le 8 mai 1945, qui est la seule date disponible… Un mot laconique de son mari la prévient qu'il ne pourra se joindre à elle.

Après l'armistice, l'épuration sème le trouble dans la vie parisienne. Et, au «33», anciens collaborateurs et anciens résistants se retrouvent souvent face à face. C'est ce que raconte Michel de Boissieu dans la *Revue de la Fondation nationale des sciences politiques*[2] : «Le tableau vivant de cette mauvaise opérette se jouait tous les jours au Cercle Interallié […]. Tel personnage que l'on aurait cru plus discret y plastronnait avec un bon résistant qui le dédouanait sans mauvaise conscience… Y déjeunant moi-même avec Pierre-Henri Teitgen, je l'avais irrité en lui disant que l'épuration me paraissait compromise.» Boulevard Saint-Germain, les pourparlers pour que le Cercle Interallié récupère ses locaux se durcissent. Il faudra même une action en justice et l'intervention de Maurice Schumann pour que la réquisition signée par Georges Bidault soit déclarée illégitime. En octobre 1946, la Maison des Alliés quitte le «33» dans des conditions peu amiables. Le Cercle Interallié peut enfin revenir dans ses murs.

> Ce n'est pas le général de Gaulle qui s'installe au «33», mais un petit groupe de femmes, épouses de résistants ou auxiliaires de l'armée de terre.

2 *Vingtième Siècle. Revue d'histoire.*

Ci-dessus : les F.F.I. (Forces françaises de l'intérieur) défilent dans la rue du Faubourg-Saint-Honoré, sous les drapeaux alliés, lors de la libération de Paris, le 25 août 1944.

Ci-dessous : Odette Churchill, née Brailly, grande résistante franco-britannique, décorée de la Légion d'honneur au Cercle de l'Union Interalliée en 1950. Elle n'avait aucun lien de parenté avec Winston Churchill, même si elle a travaillé pour les renseignements britanniques.

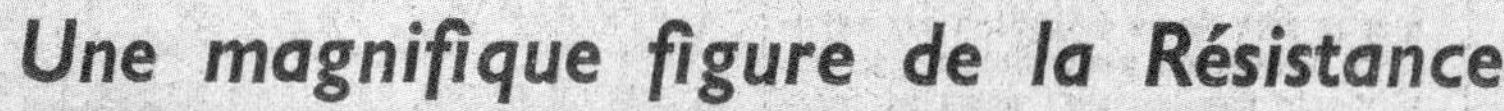

Une magnifique figure de la Résistance

ODETTE CHURCHILL, AGENT "S. 23"

Affreusement torturée par les nazis, cette femme héroïque refusa de livrer le nom de ses camarades de combat

HIER, AU CERCLE INTERALLIÉ, ELLE A REÇU LA LÉGION D'HONNEUR

QUELQUES mois après Dunkerque, Churchill, préparant la riposte alliée, confie à quelques agents sûrs la mission d'« incendier l'Europe ». Ainsi naît le « Special Operations Executive » qui, en plein « Blitz », met sur pied l'organisation qui va entrer en contact avec les pa-

LISE, mariée à un Anglais, était Française de naissance et mère de trois filles. Pleine de vivacité, d'une sensibilité vibrante, il y avait dans le pays de son mari un certain nombre de choses qu'elle n'aimait pas — et beaucoup qu'elle aimait. En 1942, quand la B.B.C. lança un appel à ses auditeurs pour demander à toutes les personnes possédant des photos de paysages français de les porter au War Office, elle se fit un devoir de mettre celles qu'elle avait à la disposition des autorités militaires.

SUITE PAGE 6, COLONNE 2

D'UN MONDE À L'AUTRE

Le « 33 » reprend vie

1945. LA GUERRE EST FINIE. PARIS N'A QU'UNE HÂTE : S'AMUSER, FAIRE LA FÊTE. TOUT SEMBLE PERMIS. LES ARISTOCRATES S'ENCANAILLENT DANS LES CAVES DE SAINT-GERMAIN-DES-PRÉS, OÙ L'ON JOUE SIDNEY BECHET ET MILES DAVIS. DANS LE MÊME TEMPS, ON VOIT DE JEUNES ROTURIERS ALLER DE BAL EN BAL, D'HÔTEL PARTICULIER EN CHÂTEAU… APRÈS GUERRE, LE TOUT-PARIS N'EST PLUS UNE ÉLITE FERMÉE. CHACUN PEUT Y METTRE UN PIED, DÈS LORS QU'IL POSSÈDE LE TALENT, L'INTELLIGENCE, L'ARGENT OU LA BEAUTÉ…

C'est le miracle de la « Café Society », une communauté constituée non seulement d'aristocrates, de militaires et de riches banquiers, mais encore de parfumeurs, de couturiers, d'éditeurs, d'écrivains. Stanislas de Castellane et le prince Jean-Louis de Faucigny-Lucinge, présidents du Cercle de l'Union Interalliée entre 1953 et 1975, entretiennent ces liens entre la Café Society et le gotha.

Louise de Vilmorin, égérie du « 33 »

Dans l'immédiat après-guerre, la vie mondaine reprend des couleurs au Cercle Interallié. En septembre 1948, l'été se poursuit dans les jardins du « 33 », où l'on donne successivement trois bals costumés : le bal de la rose, le bal de la voilette et le bal du ruban. La fantasque Leonor Fini, peintre, écrivain et décoratrice de théâtre, se rend au dernier coiffée d'un lustre allumé. La photo, inénarrable, paraît quelques jours plus tard dans *Vogue*.

La vie mondaine reprend des couleurs au Cercle Interallié.

Page précédente : la fête annuelle du Cercle Interallié photographiée par Robert Doisneau, 23 juin 1950.

Tout un symbole de la renaissance d'après-guerre : le tournage d'un film sur le Champagne réunit en mai 1950 au Cercle Interallié une pléiade de vedettes, dont Jean Marais, venu avec son chien Tobrouk, le comique américain Stan Laurel et Michèle Morgan au sommet de sa gloire.

Ci-dessous : Michèle Morgan à côté de Brigitte Aubert lors de l'événement retransmis au journal télévisé du soir.

La mode est toujours présente au Cercle Interallié, comme lors de la grande parade de la mode où l'on pouvait admirer les modèles sélectionnés dans la journée, en vue de l'élection de « Mademoiselle Printemps », le 22 mars 1955.

Bal au Cercle photographié par Robert Doisneau, Paris, 23 juin 1950.

Cecil Beaton en 1934.

Portrait de Louise Lévêque de Vilmorin par Cecil Beaton, années 1950.

Vogue et *L'Officiel* tiennent la chronique de cette vie parisienne éclatante, qui a ses quartiers au «33». Là, ils traquent la «femme du monde», pour commenter ses toilettes et ses bons mots. La plus célèbre d'entre elles est sans doute Louise de Vilmorin, qui symbolise à merveille la liberté, la frivolité et le panache de ce Paris d'après-guerre. Élégante, belle, drôle, intelligente en diable, Louise fait partie des habituées du Cercle. Elle le fréquentait déjà dans les années 1930. Quelques lignes de son journal qui datent de cette époque en disent long sur son attachement à la vie du Cercle : «Grande réception chez Marie-Blanche de Polignac après le concert de Marcelle de Manziarly au Cercle Interallié. Revu tout Paris, toute l'Académie! Toute l'avant-garde! Toute la mode!»

À partir de 1944, Louise de Vilmorin se rend au Cercle en voisine – elle a alors élu domicile à l'ambassade du Royaume-Uni, au n° 35 – suivie d'un sillage d'amis et d'amants, le clan Rothschild, l'homme politique et aviateur Édouard Corniglion-Molinier, l'écrivain Jean Hugo… Divorcée deux fois, elle vit un étrange trio amoureux avec l'ambassadeur Duff Cooper et son épouse, lady Diana. Paris tout entier jase de ses amours, si peu conventionnelles, et c'est justement pour cela qu'on l'invite, qu'on la veut.

Louise de Vilmorin symbolise à merveille la liberté, la frivolité et le panache de ce Paris d'après-guerre.

Paris est une fête

À cette époque, un membre très en vue de la Café Society vient d'arriver à Paris. Comme Louise de Vilmorin, il s'installe au n° 35 de la rue du Faubourg-Saint-Honoré : le photographe de mode et portraitiste Cecil Beaton. Il est de toutes les fêtes, ces soirées luxueuses dans des décors de rêve où les femmes ont des plumes d'oiseau de paradis à leur chapeau, des diamants sur le décolleté, et portent des robes signées Dior ou Schiaparelli. Mieux : il en est le photographe officiel et le chef opérateur. Pour l'une d'elles, il avait fait garnir la façade du Cercle Interallié de guirlandes roses. En juin 1950, le Cercle Interallié donne l'un de ses plus fastueux bals. C'est la milliardaire américaine Barbara Hutton qui reçoit. Elle apparaît dans un sari indien rose, le cou orné d'un collier de rubis, dont chaque pierre fait la taille d'un grain de raisin. Cinq cents invités sont présents, et parmi eux le duc et la duchesse de Windsor.

Soirées luxueuses dans des décors de rêve où les femmes ont des plumes d'oiseau de paradis à leur chapeau, des diamants sur le décolleté, et portent des robes signées Dior ou Schiaparelli.

Visite de quatre jours en France de la princesse Margaret, la sœur cadette d'Elizabeth. Paris, 21 novembre 1951. Margaret préside un bal caritatif au bénéfice du Hertford British Hospital de Neuilly au Cercle Interallié, réunissant tous les Anglais de Paris et les plus grands noms de l'aristocratie française.

À gauche : la princesse Margaret d'Angleterre accompagnée de sir Oliver Harvey, saluée par la garde républicaine lors de son arrivée au bal. (Elle porte le diadème en diamants Cartier coiffant Kate Middleton lors de son mariage en 2011.)

Le 18 mai 1965, Maurice Chevalier et Mme Alphand, épouse de l'ambassadeur des États-Unis, dévoilent la plaque de jumelage de deux célèbres artères : le faubourg Saint-Honoré et la 5e Avenue à New York.

C'est au Cercle Interallié que la princesse Grace de Monaco donne une conférence de presse à l'occasion du centenaire de la principauté, le 26 octobre 1965.

Un lieu de vie littéraire

La vie du Cercle Interallié ne se résume cependant pas aux bulles de champagne ni à l'éclat des diamants sur les parures des dames. Depuis toujours lieu d'échanges, on y accueille les artistes, musiciens, peintres, écrivains. Paul Valéry, le prince des poètes, n'est hélas plus là, mais Pierre Seghers, Paul Claudel, Henri Mondor, Jean Guéhenno sont fidèles au «33». Dans les années 1950, André Malraux y vient régulièrement. On le voit alors souvent, dans le jardin, en compagnie de Claude Bourdet, un ancien résistant compagnon de la Libération, discuter avec feu de l'actualité politique. Salon artistique et intellectuel, le Cercle Interallié est également le lieu des récompenses officielles.

Le 23 avril 1953, Colette, devenue une dame vénérable de 80 ans, s'y voit remettre la distinction de grand officier de la Légion d'honneur par le ministre de l'Éducation nationale, André Marie. Elle meurt un an plus tard. C'est la fin d'une génération littéraire.

Théâtre incontournable de la vie littéraire, le Cercle inspire forcément les écrivains, qui en font un décor de roman. Dans *L'Homme à la cigarette*, Georges Sim – pseudonyme de Georges Simenon – campe un riche philanthrope américain, William Biglow, qui se montre au Cercle Interallié avant de se faire assassiner… Quant à Romain Gary, il en fait le quartier général de ces artistes, écrivains, femmes du monde des quatre coins de l'Europe que l'on croise dans *Europa*. Le Cercle Interallié est un lieu important pour l'intrigue, car c'est dans ses salons lambrissés que le héros, Jean Danthès, ambassadeur de France à Rome, est forcé de rompre avec son amour de jeunesse, la belle Malwina, sous la menace d'un maître chanteur : «Danthès retrouvait avec peine sa respiration. Il reconnaissait lentement derrière le masque aux livides luisances de cire que le Temps avait peu à peu sculpté pour en couvrir les traits de l'homme, celui qui s'était présenté jadis devant lui au Cercle Interallié pour le sommer de rompre avec Malwina.»

Ci-dessus : Julian Huxley à gauche, secrétaire général de la section culturelle de l'ONU, s'entretenant avec René Cassin, prix Nobel de la paix, lors de sa réception au Cercle Interallié. Zoologiste, philosophe et écrivain, Julian Huxley a joué un rôle de premier plan dans la fondation de l'Unesco en 1946.

Théâtre incontournable de la vie littéraire, le Cercle inspire forcément les écrivains, qui en font un décor de roman.

En 1968, les prix Médicis et Femina sont remis le même jour dans les salons du Cercle Interallié. Le premier est décerné à l'écrivain américain Elie Wiesel, le second à Marguerite Yourcenar, future première femme à siéger à l'Académie française.

Ci-dessous : écrivains du nouveau roman. De gauche à droite : Alain Robbe-Grillet, Claude Simon, Claude Mauriac, Jérôme Lindon, Robert Pinget, Samuel Beckett, Nathalie Sarraute et Claude Ollier devant le siège des éditions de Minuit, 1959.

HIER AU CERCLE INTERALLIÉ

COLETTE A REÇU les insignes de grand-officier de la Légion d'honneur

C'ETAIT hier jour de gloire pour Colette. Notre grande romancière recevait des mains du ministre de l'Education nationale les insignes de grand-officier de la Légion d'honneur. Elle est aujourd'hui la seule femme au monde élevée à cette dignité, qui n'avait été conférée jusqu'ici qu'à une seule femme : la maréchale Lyautey.

Paris, 23 avril 1953. *Journal national*, rubrique «La Semaine».

Ci-dessous : à Paris, au Cercle Interallié, M. André Marie, ministre de l'Éducation nationale, remet la plaque de grand officier de la Légion d'honneur à Colette, devant de nombreux invités et sous les flashs des photographes.

Le Cercle Interallié est également le lieu des récompenses officielles.
Le 23 avril 1953, Colette, devenue une dame vénérable de 80 ans, s'y voit remettre la distinction de grand officier de la Légion d'honneur par le ministre de l'Éducation nationale, André Marie.

Maurice Chevalier et Georges Carpentier félicitant Micheline Sandrel pour sa médaille d'or de la politesse française à l'issue d'un déjeuner offert au Cercle Interallié par les membres du Comité du bon goût français, le 23 décembre 1964.

Les lettres du monde entier se retrouvent au Cercle

Beaucoup d'écrivains étrangers font escale à l'Interallié, dont les salons se sont toujours fait l'écho de conversations en anglais, en espagnol, en italien. Le 22 mai 1954, une réception est donnée en l'honneur de John Steinbeck. Il faut imaginer l'auteur des *Raisins de la colère*, son allure d'aventurier, sa silhouette perdue au milieu d'une forêt de micros et d'une élégante foule en smoking. L'éditeur Edmond Buchet, qui est présent, s'amuse dans ses mémoires de cette confrontation mémorable entre le plus grand écrivain américain vivant et les salons du Cercle Interallié. Il raconte : «Physique très américain, figure rougeaude, peu intellectuelle. Marie-Laure Bataille, qui est son agente, m'assure qu'il est capable de boire vingt-cinq cocktails de suite.»

En mars 1956, Dino Buzzati, de passage à Paris, brosse dans son journal son emploi du temps trépidant : déjeuners, rencontres, théâtre… Il note : «Cocktail à l'Union Interalliée où je rencontre des tas de gens.» C'est presque la devise du Cercle qui est résumée ici! L'écrivain américain de langue française Julien Green évoque quant à lui le décor et l'atmosphère paisible du «33» : «J'ai déjeuné […] au Cercle Interallié, dans la longue salle d'où l'on a une vue sur les jardins. Au fond, une grande tapisserie rose : *Don Quichotte servi par les dames*. Il y avait beaucoup de monde, nous étions de bonne humeur, et je me sentais heureux.»

Dino Buzzati note dans son journal : «Cocktail à l'Union Interalliée où je rencontre des tas de gens.» C'est presque la devise du Cercle qui est résumée ici !

Ci-dessus: l'écrivain, journaliste et peintre italien Dino Buzzati dans son bureau. À côté de lui, son tableau *Il Duomo di Milano* repose sur une étagère de la bibliothèque. Milan (Italie), années 1950.

Le salon de l'Élysée

Au cours des années 1950, le Cercle Interallié tient toujours son rôle d'antichambre de l'Élysée ou de succursale du Quai d'Orsay – en 1948, le ministère avait même installé sa cantine dans les salons du deuxième étage! On peut alors y rencontrer les dirigeants ou représentants des grandes nations occidentales, comme Dwight David Eisenhower, qui fréquentait le 33, rue du Faubourg-Saint-Honoré avant guerre, et le fait découvrir à son épouse.

Nombreux sont les présidents du Conseil de la IVe République qui reçoivent à l'Interallié. C'est d'ailleurs lors d'une réception donnée au «33» que la guerre d'Algérie a pris un tournant terrible. La scène se passe le 22 octobre 1956. Guy Mollet préside un dîner en l'honneur du général américain Gruenther. À sa table, les secrétaires d'État Max Lejeune et Alain Savary, ainsi que Louis Joxe, secrétaire général du ministère des Affaires étrangères. Au cours de la soirée, ces derniers apprennent que l'avion de Ben Bella, le leader du combat pour l'indépendance de l'Algérie, a été intercepté. Ben Bella est fait prisonnier par la République française. La bavure est monumentale. On prévient Guy Mollet, qui se retire discrètement avec Alain Savary et Louis Joxe dans un salon du Cercle Interallié. Le président du Conseil est accablé. Il regagne sa table, essaie de faire bonne figure jusqu'à la fin de la réception, qu'il quitte précipitamment pour se rendre à l'Élysée. René Coty l'accueille en robe de chambre. Que faire ? La décision revient au président du Conseil, qui tranche la mort dans l'âme : «C'est un acte inconsidéré commis sans l'assentiment du gouvernement... Mais je ne crois pas que, dans l'état actuel de l'opinion publique et parlementaire, nous puissions nous permettre de relâcher les prisonniers. Si nous agissions ainsi, le gouvernement serait renversé demain. Le mal est fait. Nous ne pouvons revenir en arrière.» Les jours qui suivent, la résistance algérienne durcit son action, et quelques mois plus tard éclate la bataille d'Alger, l'un des plus sanglants épisodes de la guerre d'Algérie.

Au cours des années 1950 et 1960, le Cercle Interallié tient toujours son rôle d'antichambre de l'Élysée ou de succursale du Quai d'Orsay.

Des scènes moins dramatiques de la vie politique se déroulent au 33, rue du Faubourg-Saint-Honoré. C'est tout naturellement à cette adresse, qui accueillit de nombreux ressortissants américains, que Georges Pompidou célèbre les relations franco-américaines, le 2 février 1964, dans un discours retransmis au journal télévisé de 20 heures. Avec beaucoup d'humour, il brosse un portrait de George Washington... que tout le monde prend pour le général de Gaulle ! Il faut dire que Georges Pompidou a forcé la ressemblance entre les deux hommes : «Soldat éminent, champion incarnant la Résistance puis la Libération. Il a été contre les courants centrifuges, a plus que personne contribué à la démocratie, il est le symbole de l'indépendance nationale non seulement à l'égard des adversaires, mais aussi à l'égard des alliés auxquels il manifeste une amitié sincère, ainsi qu'une totale liberté d'esprit et une farouche volonté d'indépendance.» Pour l'anecdote, le Cercle Interallié n'était pas un lieu inconnu pour Georges Pompidou. Étudiant à l'École normale supérieure, il avait eu le privilège d'être invité à un dîner de gala comme «représentant» de son école, mais pour une raison bien triviale : il était le seul étudiant à posséder un smoking ! Il raconte dans sa correspondance son émotion d'y avoir côtoyé André Gide, Paul Claudel et François Mauriac.

En route vers la modernité

Les années passent, et une génération succède à l'autre. Au fil des années 1960, le Cercle décline, il n'est plus au cœur de l'actualité, le nombre des adhésions décroît, entraînant une baisse des financements. L'institution perd de son souffle et de son aura. Le prince de Faucigny-Lucinge relève alors un défi de taille : engager le Cercle Interallié sur la voie de la modernité.

La jeunesse défile dans les rues en mai 1968. Louise de Vilmorin meurt en 1969. Pendant ce temps-là,

Les dîners de l'Association de la presse anglo-américaine à Paris, organisés chaque année au Cercle Interallié, accueillent toujours des hôtes prestigieux, tel Pierre Mendès France le 11 janvier 1957. À gauche, Eric Hawkins, secrétaire général de l'association.

le Cercle Interallié «se regarde vieillir», comme le dit sans détour Jean de Beaumont, futur président du Cercle.

Cet endroit mythique où se sont côtoyés «les plus grands», qu'ils soient généraux, ministres, écrivains, musiciens, peintres, perd peu à peu de son aura. La jeunesse veut tourner la page du gaullisme, et s'élève contre toutes les institutions qui structurent la société : l'Église, l'école, l'université, l'entreprise, le gouvernement, et se détourne des cercles. Pour reprendre un des slogans de Mai 68, «la vie est ailleurs». Pas dans les salons d'époque XVIIIe du «33» qu'ont fréquentés les parents et grands-parents d'une génération qui veut s'émanciper du passé et de la tradition. Le Cercle Interallié perd beaucoup de membres à cette époque. À la veille de Mai 68, on n'en compte plus que 1 800 – il y en avait 4 600 au début des années 1930. Dans ces conditions, il est de plus en plus difficile de conduire des travaux de rénovation qui pourraient rajeunir l'image de l'institution. Les finances sont en berne, les installations déclinent et le faste d'antan s'essouffle.

Le prince de Faucigny-Lucinge relève alors un défi de taille : engager le Cercle Interallié sur la voie de la modernité.

Le prince de Faucigny-Lucinge, qui prend la tête de l'Interallié en 1959, sait que le Cercle n'est pas à la hauteur des plus grands clubs contemporains, quels que soient la beauté de son cadre et son prestige passé. Les boiseries, les tapisseries, les jardins à la française ne suffisent plus à attirer de nouveaux membres, qui apprécieraient le confort d'une piscine, l'émulation d'un terrain de squash ou de tennis. La pratique du sport dans un cercle n'est pas une idée neuve. La piscine de l'Automobile Club a été dessinée par Gustave Eiffel et, du temps du maréchal Foch, on avait déjà pensé à en construire une à l'Interallié. L'attraction du Polo, du Racing ou du Tir aux pigeons tient beaucoup aux activités de plein air qu'on peut y pratiquer dans le cadre du bois de Boulogne. En 1970 est lancée la proposition d'aménager une piscine au 33, rue du Faubourg-Saint-Honoré. Un sondage est effectué auprès des membres durant les chaleurs d'été pour susciter des réponses positives... En 1972, les travaux sont votés par le comité directeur. Le Cercle s'apprête à entrer dans une nouvelle ère.

Paris, le 25 février 1964. Invitation du Premier ministre Georges Pompidou au Cercle Interallié en présence de personnalités américaines. Son discours évoque Charles de Gaulle et George Washington.

Ci-dessus : le maréchal Montgomery est reçu au Cercle Interallié le 26 octobre 1950. Il s'apprête à prendre ses nouvelles fonctions à Fontainebleau au poste d'adjoint au commandant suprême des forces atlantiques en Europe, et contribuer ainsi à la création de l'Otan.

Ci-dessous : si la présence de l'ambassadeur américain est fréquente, l'ambassadeur russe est aussi l'hôte du Cercle, comme ici lorsque Sergueï Vinogradov, ambassadeur de l'URSS à Paris, reçoit la médaille de l'amitié.

Ci-dessus : discours prononcé par le shah d'Iran, Mohammad Reza Pahlavi, devant l'association de la presse diplomatique, le 17 octobre 1961, au Cercle Interallié.

LE CERCLE SE RÉINVENTE

« Les temps modernes »

AU DÉBUT DES ANNÉES 1970 S'ÉVEILLE LA FRANCE NOUVELLE, CELLE DU TGV, DE LA FUSÉE *ARIANE*, DU *CONCORDE*, D'AIRBUS. ELLE SE LANCE À GRANDE VITESSE DANS LA MODERNITÉ. QUE DEVIENT LA FRANCE D'ANTAN ? GEORGES POMPIDOU EN ANNONCE BRUTALEMENT LA FIN DANS UNE CONFÉRENCE DE PRESSE QUI EST RESTÉE DANS LES ANNALES : «LA BONNE CUISINE... LES FOLIES BERGÈRE... LE GAI PARIS... LA HAUTE COUTURE, LES BONNES EXPORTATIONS... DU COGNAC, DU CHAMPAGNE ET MÊME DU BORDEAUX ET DU BOURGOGNE... C'EST TERMINÉ ! LA FRANCE A COMMENCÉ ET LARGEMENT ENTAMÉ UNE RÉVOLUTION INDUSTRIELLE !»

La libéralisation des échanges, le développement des moyens de transport sont alors en train de transformer notre planète en village. On ne parle pas encore de mondialisation, mais le fait est que les hommes, les idées, les biens circulent de plus en plus vite. Le temps s'accélère, la vie privée recule, les médias deviennent tout-puissants. Dans ce monde toujours plus bruyant et vrombissant, le Cercle Interallié a une nouvelle carte à jouer : devenir un refuge, un havre paisible à l'abri des regards indiscrets, des caméras, des projecteurs.

Un endroit où se distraire, se détendre – pourquoi pas en faisant du sport ? –, où il fait bon prendre son temps et converser. Encore faut-il que le Cercle se renouvelle. Sans rien renier de son héritage ni des brillants échanges et des fêtes des années 1930 et 1950, le Cercle Interallié va opérer une formidable métamorphose.

Sans rien renier de son héritage, le Cercle Interallié va opérer une formidable métamorphose.

Page précédente : le jardin, à la belle saison, est une incomparable source de charme et d'agrément. Le président Pierre-Christian Taittinger avait coutume de dire qu'il était l'un des plus beaux de Paris, que même l'Élysée jalousait. Dix mille fleurs fraîches sont plantées et changées à chaque nouvelle saison.

René Antoine Marie Malcor, ingénieur en chef des Ponts et Chaussées, montre les schémas d'étude du futur tunnel au cours d'une conférence de presse organisée par René Massigli, président du groupement d'études du tunnel sous la Manche dans les salons du Cercle Interallié, en 1961.

La piscine, une prouesse d'architecture

Au début des années 1970, le prince de Faucigny-Lucinge donne carte blanche à un jeune architecte, Jean-Georges Cleret, pour aménager une piscine dans les sous-sols du Cercle. Le projet est délicat – le mariage entre un hôtel XVIIIe et un centre sportif contemporain de 1 500 mètres carrés n'est pas sans risque –, et le cahier des charges est très contraignant. Les pelleteuses et marteaux-piqueurs doivent épargner les jardins et leurs arbres centenaires. Il est dit aussi que le chantier n'excédera pas dix mois pour des raisons d'usage évidentes. Le 23 janvier 1973, le 33, rue du Faubourg-Saint-Honoré est investi par les camions-bennes. Le chantier repose sur une véritable gageure. La piscine viendra se nicher dans une sorte de grotte en sous-sol. Comment, dans ces conditions, creuser la terre du parc sans altérer les racines des arbres ? On prévoit de les protéger dans des coffrages en béton, qui imposeront son volume à la piscine.

Il faudra près de quatre mois avant que la terre puisse être remise en place et le jardin restauré. Les caves de l'hôtel sont aménagées en salles de squash et de gymnastique, et la piscine est creusée. Petit bijou d'architecture, elle ne va pas tarder à faire parler d'elle dans toute la capitale.

Ce qui frappe, au premier regard, c'est la luminosité qui baigne cet espace souterrain. La piscine est ouverte sur une grande baie qui donne sur le jardin. Par ailleurs, Jean-Georges Cleret a privilégié le verre pour les cloisons afin de faire circuler la lumière. S'ils lèvent les yeux au plafond, les nageurs pourront se laisser aller à la contemplation d'une œuvre du sculpteur Marc Bankowsky, des filets maritimes qui sont comme une invitation au voyage. Le lieu respire le calme, l'harmonie et la sérénité. Il porte la signature d'un architecte qui déclare dans la revue *Construction moderne* vouloir « créer pour survivre à la laideur montante de l'anonymat et des productions en série ».

Le centre sportif du Cercle Interallié ouvre ses portes sous les vivats de la presse. *Connaissance*

La piscine, achevée en 1973, telle qu'elle est présentée dans le dossier spécial de *Construction moderne*, une revue de référence en architecture.

des arts salue le talent de Jean-Georges Cleret : «À moins de 300 mètres de la Concorde, la piscine la plus conforme à l'idéal fonctionnel, confortable et spectaculaire de son époque vient d'ouvrir.» Les membres découvrent avec bonheur le bassin «californien» de 25 mètres, rempli d'une eau très pure, ionisée par des électrodes de cuivre et d'argent. Une eau que l'on pourrait boire à la tasse...

À moins de 300 mètres de la Concorde, la piscine la plus conforme à l'idéal fonctionnel, confortable et spectaculaire de son époque vient d'ouvrir.

Un snack-bar, un sauna, des salles de gym et de détente viennent compléter l'ensemble, ainsi qu'une salle de squash, un sport encore méconnu du public français qui le compare à la pelote basque. La première salle de squash avait ouvert à Paris en 1927, mais c'était la seule jusqu'à ce que le Cercle Interallié ouvre la sienne.

Le centre sportif connaîtra beaucoup d'évolutions et d'agrandissements sous la présidence de Jean de Beaumont puis sous celle de Pierre-Christian Taittinger : un hammam, de nouvelles salles de sport. Cependant, dans le courant des années 1970, quelques mauvais esprits soulignent qu'en creusant la piscine on a aussi creusé les déficits... Pourtant, cet investissement correspond à un choix stratégique.

Un souffle nouveau

La piscine de l'Interallié est bien plus qu'une piscine. C'est une œuvre d'architecture que l'on commente dans les revues d'art. Un lieu de sociabilité couru par les membres qui se plaisent à nager le matin pour se revigorer ou le soir pour se délasser. C'est enfin un endroit décontracté, où la jeunesse – et le Cercle en a besoin – se sent à l'aise. Grâce à elle, le Cercle retrouve son prestige, mais au prix d'un très gros effort financier. Par ailleurs, la promesse de renouveau portée par le centre sportif

À gauche : façade et jardins du Cercle de l'Union Interalliée.

Ci-dessus : piscine du Cercle de l'Union Interalliée.

tarde à se réaliser. À la fin des années 1970, le Cercle demeure vieillissant. Les cotisations ne suffisent pas à couvrir les dépenses engagées pour le moderniser. Il devient urgent d'attirer de nouveaux membres. Et c'est à quelques encablures du faubourg Saint-Honoré, de l'autre côté de la Seine, qu'on les trouvera.

En 1978, le Nouveau Cercle est forcé de quitter le 288, boulevard Saint-Germain. Les finances sont mauvaises, les charges immobilières trop élevées… Le Cercle, qui compte 578 membres, tient bon, mais il lui faut trouver un nouveau domicile. À ce moment-là, Jean de Beaumont offre à Arnold de Waresquiel, le président du Nouveau Cercle, de s'installer dans les appartements de 600 mètres carrés au quatrième étage. Mieux, il lui propose d'associer leurs deux cercles. En s'installant au « 33 », le Nouveau Cercle pourrait profiter des jardins, de la piscine et de toutes les installations de l'Interallié, tout en conservant son identité et son indépendance. Quant à ses membres, ils deviendraient également membres de l'Interallié.

En 1983, au « 33 » naît le Nouveau Cercle de l'Union, qui saura tendre la main aux jeunes générations.

Le 20 mars 1979, les déménageurs chargent dans des camions les meubles et objets qui doivent faire le voyage jusqu'au faubourg Saint-Honoré.

La cohabitation entre les deux cercles, l'un mixte – l'Interallié –, l'autre masculin – le Nouveau Cercle –, est riche et féconde. En 1983, on célèbre même un nouveau mariage au « 33 » : la fusion du Nouveau Cercle et du Cercle de l'Union, qui était logé dans l'hôtel du Cercle Interallié depuis 1948. C'est ainsi que naît le Nouveau Cercle de l'Union (NCU), un cercle brillant qui, à partir de 1995, sous la présidence de Gabriel de Broglie, saura tendre la main aux jeunes générations.

Au tout début des années 1980, le Cercle Interallié va donc renouer avec la prospérité. Il se remet à flot et retrouve son dynamisme. Pour symboliser cette renaissance, un comité des jeunes du Cercle Interallié, étroitement associé à la vie du Cercle, est créé. Les jeunes membres sont particulièrement bien traités par Jean de Beaumont qui leur organise des soirées, des dîners dans les grands salons, et les invite chez Hermès pour retirer une cravate ou un foulard… Le premier jour du printemps 1980, une grande fête dédiée à la jeunesse est donnée au Cercle. Parmi les invités, une jolie princesse de 23 ans, Caroline de Monaco. *L'Officiel de la mode* publiera dans ses pages : « Les membres juniors du Cercle et leurs amis se sont réunis autour de la magnifique piscine du club dont les alentours étaient transformés en une véritable piste de danse comme au Palace avec des éclairages psychédéliques et une musique disco forcenée. »

Le 20 mars 1980, à Paris, rue du Faubourg-Saint-Honoré, au Cercle de l'Union Interalliée, la princesse Caroline de Monaco et son mari, Philippe Junot, assistent à la soirée organisée par Régine pour célébrer le printemps.

Ci-contre : le comte et la comtesse de Beaumont à la garden-party du Cercle Interallié, le 21 juin 1984.

En bas à droite : la comtesse de Paris assiste également à la fête annuelle en 1984.

Ci-dessous : commandé à Hermès par le Cercle de l'Union Interalliée en 1989, personnalisé par la signature du Cercle imprimée en son centre et aux quatre angles, ce carré «Pavois» a été dessiné en 1964 par Philippe Ledoux. Cette allégorie maritime représentant les pavillons des puissances du XVIIe siècle célèbre l'entente entre les nations et fait ainsi écho à la vocation du Cercle Interallié.

JEAN DE BEAUMONT

Homme d'affaires, romancier, chasseur, jockey, pilote, explorateur, philanthrope et président du Cercle Interallié : il fallait bien presque un siècle à Jean de Beaumont pour accomplir les mille choses qui ont émaillé sa vie.
Né en 1904, Jean de Beaumont est un homme passionné, éclectique, audacieux. Enfant, un grave abcès à la jambe lui donnera la rage de devenir un sportif de haut niveau. Il représente la France aux épreuves de tir des Jeux olympiques de 1924 et connaîtra une brève mais brillante carrière de jockey dans les années 1930. Il commence sa carrière en Cochinchine, avant de revenir en France où il gravit les échelons dans la banque Rivaud. Lié avec la moitié de l'Europe – le duc de Windsor, Stavros Niarchos – et quelques présidents de la République comme Pompidou et Giscard d'Estaing, c'est une figure incontournable de la vie parisienne. Fidèle avec ses amis, généreux avec les déshérités, il laisse le souvenir d'un homme inclassable.

Président du Cercle Interallié entre 1975 et 1999, puis président d'honneur jusqu'à son décès en 2002, le comte Jean de Beaumont est ici photographié à son domicile parisien en 1972. Il fut également le président du Comité national olympique et sportif français (CNOSF), de 1967 à 1971, et vice-président du Comité international olympique (CIO), entre 1970 et 1974.

La République au « 33 »

Plus jeune, plus dynamique, le Cercle Interallié demeure cependant fidèle à son histoire et reste une des adresses de prédilection des présidents, futurs présidents – François Mitterrand était un habitué des soirées dansantes que donnait le Cercle avant guerre –, ministres et hommes politiques. Le 19 mai 1974, Valéry Giscard d'Estaing attend les résultats du scrutin de la présidentielle dans un salon de l'Interallié, à un jet de pierre de sa future résidence… Il est entouré de la famille de son épouse, Anne-Aymone, qui est la nièce du prince Jean de Faucigny-Lucinge, alors président de l'Interallié. Dans l'assistance, le journaliste Alfred Fabre-Luce note chaque détail de cette soirée. Il remarque surtout la métamorphose d'Anne-Aymone, « une mère de famille au charme encore virginal », en première dame. Refuge protecteur pour un candidat à la présidence qui attend avec nervosité le résultat du scrutin, le Cercle peut aussi servir de porte-voix aux messages politiques ou de rendez-vous officieux pour les conférences de presse. Le 19 janvier 2005, une simple cérémonie de vœux organisée pour les députés UMP au « 33 » devient une véritable réunion de campagne pour le « oui » au référendum sur la Constitution européenne. Avec un sens aigu de la mise en scène, un invité surprise, Jacques Chirac, surgit dans les salons de l'Interallié pour appeler les députés à défendre le traité de Bruxelles. Le message du président est d'emblée relayé par l'AFP et véhiculé dans la presse nationale et régionale.

Le Cercle Interallié demeure cependant fidèle à son histoire et reste une des adresses de prédilection des présidents, futurs présidents, ministres et hommes politiques.

Valéry Giscard d'Estaing, invité d'honneur du Comité de direction du Cercle Interallié en octobre 1994, avec à sa gauche le comte de Beaumont et Pierre-Christian Taittinger.

Le président François Mitterrand et sa femme, Danielle, habitués du Cercle, quittent le palais de l'Élysée, le 30 juin 1981, après la réunion hebdomadaire du cabinet.

Réception des patrons de la presse régionale. Jacques Chirac, président de la République, et Jean-Pierre Chevènement, leader du parti de gauche MRC (Mouvement républicain et citoyen).

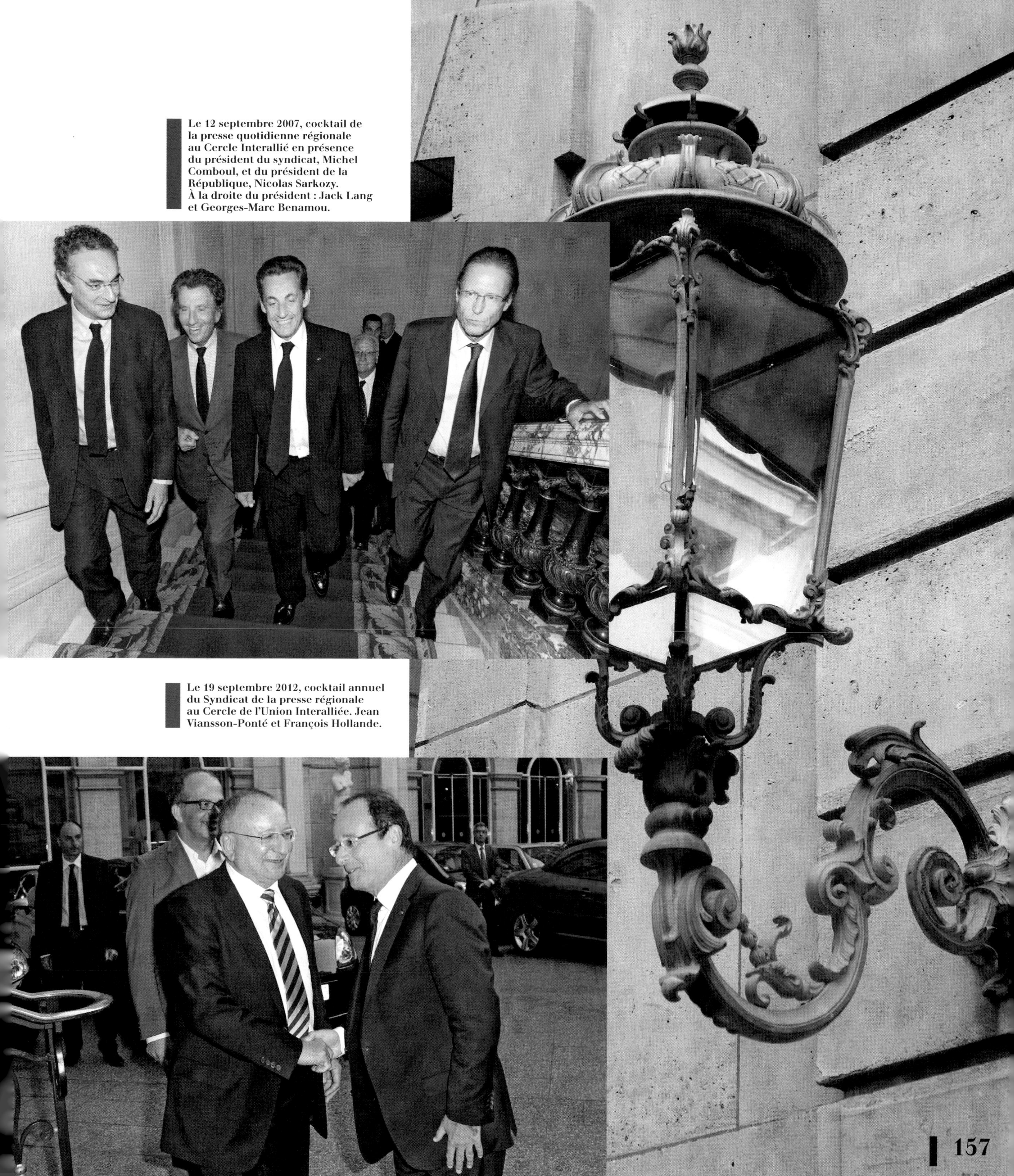

Le 12 septembre 2007, cocktail de la presse quotidienne régionale au Cercle Interallié en présence du président du syndicat, Michel Comboul, et du président de la République, Nicolas Sarkozy. À la droite du président : Jack Lang et Georges-Marc Benamou.

Le 19 septembre 2012, cocktail annuel du Syndicat de la presse régionale au Cercle de l'Union Interalliée. Jean Viansson-Ponté et François Hollande.

Un président en visite d'État

Depuis les années 1920, de nombreux chefs d'État ou membres de familles royales en visite officielle à Paris sont reçus au Cercle Interallié. En 2015, le président mexicain, M. Enrique Peña Nieto, souscrit à cette tradition, après avoir assisté au défilé du 14 Juillet en tant qu'invité d'honneur.

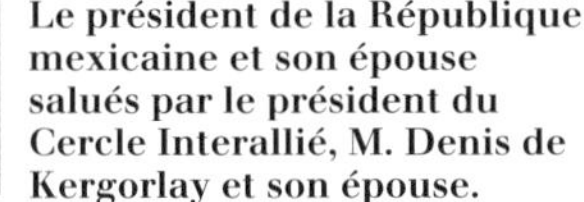

Le président de la République mexicaine et son épouse salués par le président du Cercle Interallié, M. Denis de Kergorlay et son épouse.

Ces créatures mythologiques colorées et poétiques font partie de l'art traditionnel mexicain.

Au-delà du faubourg Saint-Honoré, l'esprit Interallié

Halte privilégiée des grands chefs d'État, le Cercle a toujours été un lieu de coopération internationale et même une sorte d'annexe des ambassades du Royaume-Uni et des États-Unis. Le monde anglo-saxon est très présent à l'Interallié, dont presque dix pour cent des membres sont anglais ou américains. Et il fait partie des cercles parisiens les plus prisés des Américains. George Washington y a été maintes fois célébré, Eisenhower en était un habitué. Aujourd'hui, le Cercle est affilié à de très nombreux clubs outre-Atlantique. Pour les Anglo-Saxons, le Cercle Interallié, c'est avant tout un idéal. Chercheur à Harvard et ancien de la CIA, Charles Cogan retrouve l'esprit du Cercle partout dans le monde où la France et les États-Unis – entre autres – allient leurs forces pour combattre la barbarie, l'injustice, la tyrannie. Dans un article paru dans le *Huffington Post*, il s'exclame, plein de lyrisme: «*Long live the spirit of the Cercle Interallié !*»

L'esprit du Cercle est partout dans le monde où la France et les États-Unis – entre autres – allient leurs forces pour combattre la barbarie, l'injustice, la tyrannie.

Howard Leach, ambassadeur des États-Unis à Paris, de 2001 à 2005.

La reine Rania de Jordanie.

Le roi Abdallah de Jordanie lors d'une rencontre avec la presse française, en mars 2006.

Les rendez-vous de l'économie moderne

Avec les années, le Cercle Interallié s'est ouvert à un public de plus en plus divers. Le monde de l'économie et des affaires est de plus en plus assidu au Cercle. La Société d'économie politique, l'une des plus anciennes sociétés savantes françaises, y donne ses dîners-débats. Une fois par mois, l'association Leonardo organise des confrontations entre entrepreneurs et investisseurs. C'est encore le Cercle que choisissent les membres du mouvement patronal Ethic, présidé par Sophie de Menthon, ou le Centre des professions financières, pour leurs débats.

En 1987, déjà, Van Cleef conviait 800 personnes dans les jardins de l'Interallié pour l'inauguration du parfum Gem. Plus de dix ans plus tard, dans ces mêmes jardins, Hermès annonce son association avec le couturier Jean-Paul Gaultier. En juillet 2008, créateurs de mode, journalistes et photographes viennent fêter la fin de la Fashion Week dans les salons du premier étage. Pour une fois, les administrateurs de l'Interallié ferment les yeux à la vue des cols de chemise des messieurs qui ont fait l'impasse sur la cravate… En juillet 2013, des mannequins défilent en stilettos sur le parquet Versailles du «33» pour présenter la collection automne-hiver de Legends, une marque de haute couture en plein essor. Enfin, c'est au Cercle Interallié que les diplômés de Sup de Luxe viennent chaque année célébrer la fin de leur cycle d'études.

Des mannequins défilent en stilettos sur le parquet Versailles du «33».

Chaque année, l'ONG Children for peace, qui œuvre pour la protection des enfants victimes de la guerre au Moyen-Orient, organise un gala exceptionnel au Cercle de l'Union Interalliée. Au cours de cette soirée, Hubert Guerrand-Hermès, Marisa Berenson et Philippe Ferrandi étaient présents.

À gauche : la robe de mariée clôturant le défilé de haute couture de Georges Mak présenté au Cercle Interallié. Photo David Tergemina/TRG prod.

Au centre : Inès de La Fressange lors de la clôture de la Fashion Week en juillet 2008.

À droite : Alain Delon, en juin 2009, avec l'actrice Natacha Amal pour le gala caritatif « Souliers de stars ».

Bao Dai, le dernier empereur d'Annam, avec son épouse et le comte de Beaumont en 1994.

La presse américaine reçoit Son Altesse Sérénissime le prince Albert II de Monaco au Cercle Interallié.

La princesse Michael de Kent venue présenter son livre, *La Reine des quatre royaumes*, au Cercle Interallié, le 16 mars 2001.

UNE SCÈNE CULTURELLE

En haut : Amin Maalouf, le romancier franco-libanais, a reçu son épée d'académicien au Cercle Interallié des mains de son aîné Jean d'Ormesson, le 13 juin 2012.

Ci-dessus : Dominique Bona. «Une remise d'épée rue du Faubourg-Saint-Honoré, l'écrivain Dominique Bona avait bien fait les choses. À cette prestigieuse adresse, l'ornement académique ressortit davantage à la grande joaillerie qu'à l'art militaire. On reconnaît là une délicatesse toute féminine. » *Le Figaro*, 21/10/2014.

La reine Sonia de Norvège au Cercle Interallié pour la présentation de l'exposition sur Edvard Munch, le 18 septembre 2011.

Un carrefour d'associations

De nombreuses associations sont présentes à l'Interallié. Les avocats du barreau de Paris ou le Syndicat de la presse quotidienne régionale organisent tous les ans des cocktails dans les jardins du Cercle. Le British Luncheon, le Cercle de l'industrie, Le Cordon bleu, pour n'en citer que quelques-unes, s'y réunissent régulièrement. En 2008, Anne Méaux y célébrait les 20 ans de sa société de communication, Image 7. Parmi les convives, de nombreux patrons du CAC 40. C'est encore au Cercle que le Women Corporate Directors, un réseau de 150 dirigeantes françaises, se rassemble en 2010, pour évoquer la question de la parité dans les conseils d'administration des entreprises. Associations culturelles, politiques, économiques, chambres de commerce, ces institutions «amies» contribuent à faire du Cercle Interallié un lieu ouvert sur le monde. Enfin, depuis janvier 2014, Le Siècle donne ses dîners au «33». Fondé en 1944 et réunissant une élite de dirigeants et de politiques, ce cercle – celui du monde tout-puissant des affaires, des médias et de la politique – est l'un des plus exclusifs de la capitale.

La culture rayonnante

Le Cercle Interallié fut jadis un lieu prisé de l'avant-garde où se réunissait tout ce que Paris comptait de créateurs innovants, parfois scandaleux. Aujourd'hui encore, l'Interallié est ami des arts et des artistes. De nombreux honneurs sont régulièrement décernés dans les salons du «33». Le 13 juin 2012, l'écrivain Amin Maalouf reçut des mains de Jean d'Ormesson son épée d'académicien. Deux ans plus tard, à la même adresse, Dominique Bona se voyait à son tour remettre son épée. Le Cercle Interallié est aussi la maison des prix littéraires. Il vit naître le prix Interallié, on s'en souvient ; il accueillit également Régine Deforges, récompensée par le prix Maison de la presse en 1983, Alexandre Jardin, lauréat du prix Femina en 1988… Les dames du Femina avaient perdu leurs habitudes au Cercle Interallié. Elles y reviennent le 3 novembre 2014 pour décerner leur prix à la romancière haïtienne Yanick Lahens.

Le Cercle a également ses propres événements littéraires. En 2000, en l'honneur de celle qui présida longtemps le prix Femina, est créé le prix Edmée de La Rochefoucauld. En récompensant un premier roman de langue française, il encourage la jeune création littéraire. Dai Sijie, Philippe Ségur ou Blandine Le Callet, qui n'en sont plus à leurs débuts et ont depuis confirmé leur talent, figurent au palmarès. On peut aussi citer les prix du Nouveau Cercle de l'Union, le cercle associé de l'Interallié, qui récompensent un livre d'histoire et un livre de «souvenirs-société».

> Dans ce lieu où l'on sent l'aura de Paul Valéry et d'André Malraux, la culture a retrouvé une place prépondérante.

En 2012, le «33» inaugure le prix de l'Union Interalliée, qui distingue un roman français et un roman traduit. La grande originalité de ce prix est que tous les membres sont invités à faire partie du jury et à voter pour leur préférence.

Les trois Prix Médicis de l'année 1990 au Cercle Interallié : Amitav Ghosh, Prix Médicis étranger pour *Les Feux du Bengale* (Seuil), René Girard, Prix Médicis essais pour *Shakespeare, les jeux de l'envie* (Grasset) et Jean-Noël Pancrazi, Prix Médicis francais pour *Les Quartiers d'hiver* (Gallimard).

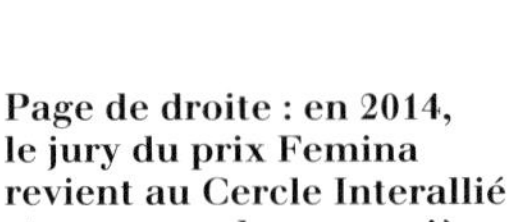

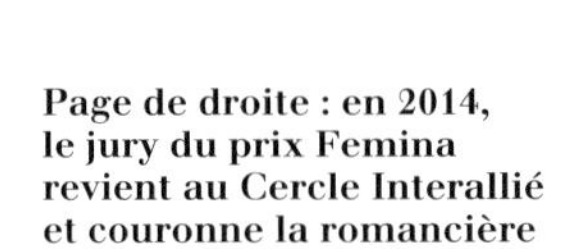

Page de droite : en 2014, le jury du prix Femina revient au Cercle Interallié et couronne la romancière haïtienne Yanick Lahens.

Le lauréat du prix Médicis Georges Perec pour son livre *La Vie mode d'emploi*, et le Prix Médicis étranger Alexandre Zinoviev pour son livre *L'Avenir radieux* au Cercle Interallié, après avoir reçu leur prix le 27 novembre 1978.

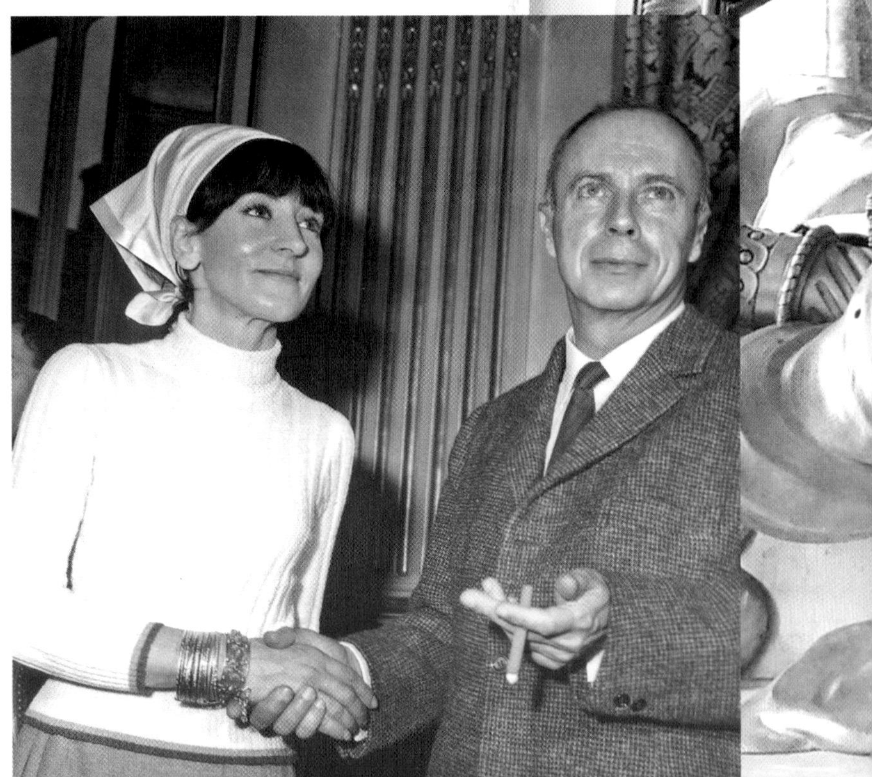

Claire Etcherelli, Prix Femina pour *Élise ou la Vraie Vie*, avec Claude Simon, lauréat du prix Médicis pour son livre *Histoire* en 1967.

LE CERCLE INTERALLIÉ AU CŒUR DU DÉBAT D'IDÉES

Le 33 faubourg Saint-Honoré est devenu dès sa création le foyer de grands penseurs et un lieu privilégié du débat d'idées. Les salles à haut plafond du Cercle ont ainsi accueilli les plus grands noms de l'intelligentsia française, venus présenter leurs derniers travaux au cours de conférences aux sujets variés, tant politiques qu'économiques, sociétaux ou littéraires. Parmi eux, l'écrivain Franz-Olivier Giesbert, l'Immortelle Hélène Carrère d'Encausse, le politologue Gilles Kepel ou encore l'ancien ministre des Affaires étrangères Hubert Védrine.

l'Interallié, un jeune centenaire

Édifié sous le règne de Louis XV, l'hôtel du Cercle Interallié a traversé les siècles sans s'altérer ni vieillir. Depuis quarante ans, les présidents du Cercle ont eu à cœur de rénover ce lieu chargé d'histoire, pour qu'il demeure vivant et puisse poursuivre sa mission d'accueil auprès de ses 3400 membres et leurs amis. Jean de Beaumont a lancé la réfection des cuisines qu'a achevée Pierre-Christian Taittinger. Ce dernier a ensuite fait restaurer la salle à manger. Le décorateur chilien Juan Pablo Molyneux remit alors en valeur les magnifiques tapisseries de Don Quichotte qu'on ne voyait plus. Il redonna un cachet «français» aux salons, puisant ses modèles de lustres ou de commodes au château de Versailles. Baignés d'un bleu pâle qui fait écho à celui du ciel, les lieux retrouvèrent leur atmosphère douce et paisible. Les salons d'accueil, écrins des magnifiques peintures de Foujita, furent également restaurés. Denis de Kergorlay, quant à lui, a supervisé l'extension du centre sportif – commencée sous la présidence de Pierre-Christian Taittinger –, ainsi que la rénovation des salons du rez-de-chaussée donnant sur le jardin et du bar du centre sportif. C'est également sous sa présidence que furent initiés les travaux d'extension du centre sportif, achevés ensuite sous la présidence de Denis de Kergorlay. La dernière rénovation en date est celle des salons du rez-de-chaussée donnant sur le jardin, ainsi que celle du bar du centre sportif. À 100 ans, le Cercle Interallié n'a jamais été aussi neuf.

Édifié sous le règne de Louis XV, l'hôtel du Cercle Interallié a traversé les siècles sans s'altérer ni vieillir en se modernisant sans perdre son caractère.

SALON
DUC DE LUYNES

PIERRE-CHRISTIAN TAITTINGER

Héritier des champagnes dont il porte le nom et d'une grande dynastie française, Pierre-Christian Taittinger était un érudit – spécialiste du monde arabe – doué d'un caractère chaleureux et courtois. Un «honnête homme», autant à l'aise en société que dans les sphères de la pensée. Élu en 1953 au conseil municipal de Paris, il en est le benjamin et l'un des membres les plus assidus. Secrétaire d'État aux Affaires étrangères dans le gouvernement de Raymond Barre et vice-président du Sénat de 1980 à 1992, Pierre-Christian Taittinger marque aussi la vie politique parisienne. De 1989 à 2008, il est maire du 16ᵉ arrondissement. Apparenté UMP, il rassemble au-delà de sa couleur politique. À sa mort, en 2009, Bertrand Delanoë ne cache pas son émotion : «Une part de la mémoire de Paris nous quitte avec lui.» La capitale conserve cependant son empreinte : entre la rue de la Pompe et la place Tattegrain, une allée porte aujourd'hui son nom.

Pierre-Christian Taittinger, président du Cercle de l'Union Interalliée, ici au conseil municipal de Paris.

LA FÊTE DU CERCLE

Pour la soirée annuelle qui marque l'arrivée de l'été, les «coulisses» du Cercle Interallié sont le lieu d'une organisation millimétrée dès 5 heures du matin. Commence alors un ballet de mobilier, fleurs et précieuses denrées. Les tables sont dressées, chaque espace est minutieusement nettoyé, rafraîchi, voire repeint… Rien ne doit échapper à la vigilance pour cette journée mémorable. Les équipes s'affairent pour dresser le grand dais de l'entrée du «33» sous lequel les membres seront reçus personnellement par le président et l'équipe de direction au complet. Côté jardins, une véranda flottante accueillera les musiciens et les danseurs.

Au mois de juin, à Paris, la nuit tarde à venir mais déjà, sur la façade, la terrasse, les parterres et dans les salons, cent lumières scintillent pour cette soirée d'exception. Bientôt quelques centaines d'invités se retrouveront sur la terrasse, les balcons, dans les jardins, autour du bassin…

LE RÈGNE DES FLEURS

En écho au jardin apprêté pour l'occasion, les décorations florales ornent les espaces intérieurs : rampes d'escalier, guéridons, rambardes… rien n'est laissé au hasard. Tout est raffinement pour rendre inoubliable la grande fête d'été.

Dîner « Signature »

Michel Roth

Jeudi 1er décembre 2005

Chef des cuisines de l'hôtel Ritz à Paris, meilleur ouvrier de France 1991, Bocuse d'or 1991, Michel Roth sera assisté par Didier Avril, chef des cuisines du Cercle de l'Union Interalliée et son équipe.

Menu

Noix de Saint-Jacques dorée à l'émulsion de jus de coques et feuilles d'estragon

•

Dos de bar en écrin de truffes noires, blettes au jus et mousseline de topinambour

•

Rosettes de chevreuil aux poivres rares, tourtière de foie gras et coings confits

•

Fourme d'Ambert au coteau du Layon, fruits secs au filet de miel

•

Dacquoise croquante à la fleur de cacao, praliné amande et crémeux au chocolat Manjari

•

Café et mignardises

Porcelaine modèle « Point » de la maison Raynaud

Dîner « Signature »

Mercredi 18 octobre 2006

Yannick Alléno

Bocuse d'argent 1999, chef des cuisines du restaurant gastronomique « Le Meurice », 2 étoiles au guide Michelin, assisté de Didier Avril, chef des cuisines du Cercle de l'Union Interalliée et de son équipe, vous invitent à déguster ce soir un menu spécialement préparé pour vous.

Marinière de fins coquillages aux champignons, tuile aux algues

•

Homard bleu de Bretagne à la nage au fumet de Meursault

•

Fricassée de poulette Gauloise Blanche à la confiture d'algues et aux bulots, grenailles au beurre, cuisse gratinée au misso

•

Fondue de jeune Comté à la betterave et jus tranché, pousses de salades

•

Cœur de poire rôtie à la vanille, tuile à la fève de Tonka glacée au caramel au beurre salé

•

Café et mignardises

Dans les sous-sols du « 33 » comme en surface, les nombreuses équipes s'activent dans la bonne humeur. L'entrain est unanime dans tout l'établissement car c'est le jour où le personnel se mobilise, de l'aube à la nuit avancée, pour ne pas faillir à la réputation d'excellence du Cercle Interallié. Les toques blanches revisitent les classiques de la gastronomie en leur apportant une touche de création contemporaine afin de surprendre tous les palais.

Le bar après les rénovations de 2015.

Les salons du rez-de-jardin
rénovés en 2015.

LE CERCLE INTERALLIÉ ET SON RÉSEAU INTERNATIONAL

Dès sa création, le Cercle Interallié a été pensé au cœur d'un réseau international de cercles et de clubs. Sa vocation, ses missions et ses statuts étaient clairs : il ne s'agissait pas de créer un cercle parisien de plus, mais bien de penser autrement les échanges entre les différents pays et les différentes cultures. Dans les premières années d'existence de l'Interallié, le maréchal Foch et Marc de Beaumont ont multiplié les voyages pour sceller des accords avec les cercles étrangers.
Bien sûr, les grandes nations alliées ont immédiatement adhéré au projet, et des accords avec les cercles britanniques ou américains ont immédiatement été signés et médiatisés dans la presse. Mais les fondateurs avaient une vision plus large de ce réseau, qui dès sa création inclut tous les continents, et associe non seulement les grandes capitales occidentales mais encore celles des plus petites nations. Avec plus de 120 clubs affiliés, l'« esprit Interallié » est aujourd'hui toujours vivant au Cercle.

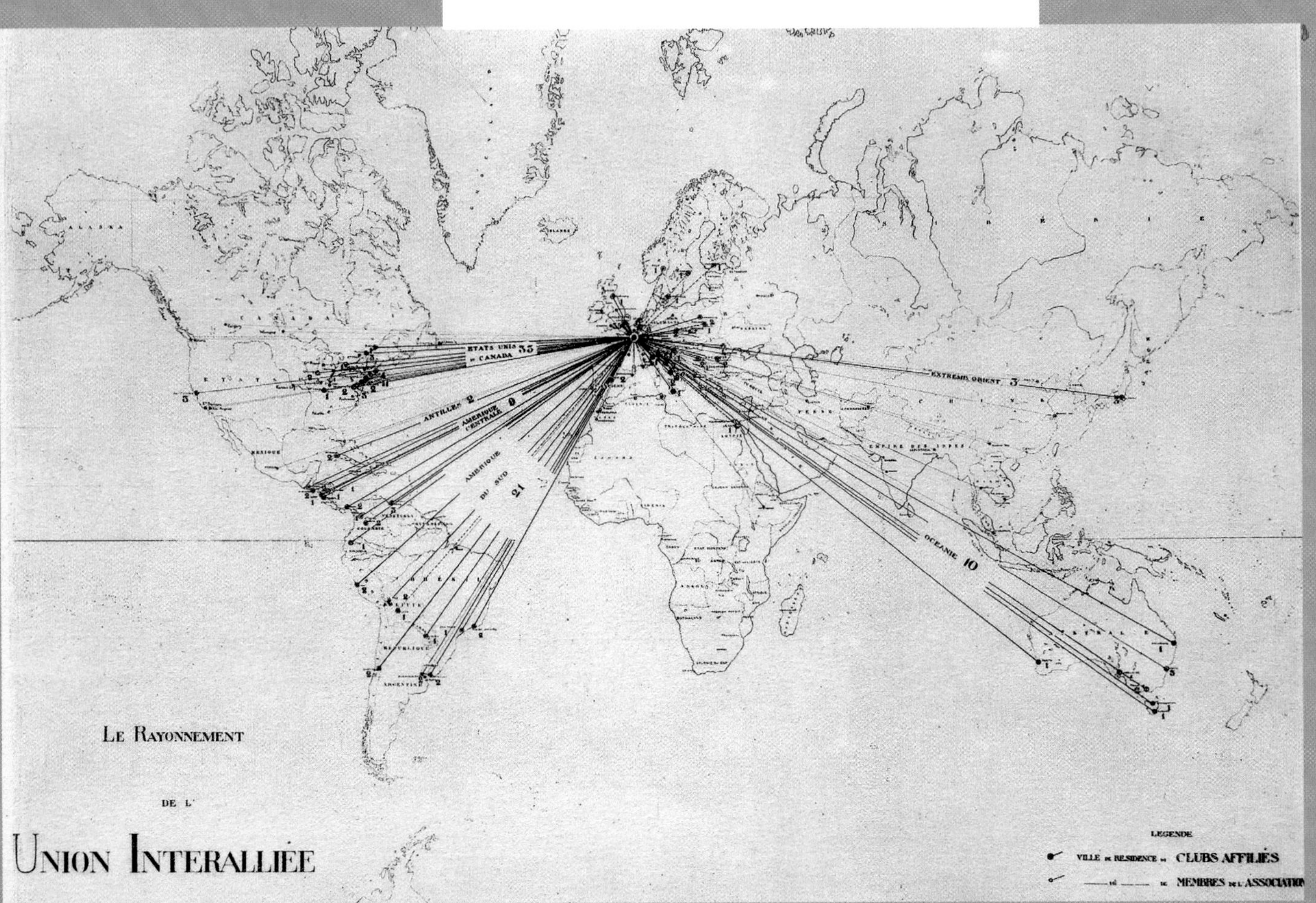

Carte illustrant le rayonnement international du Cercle Interallié vers 1930.

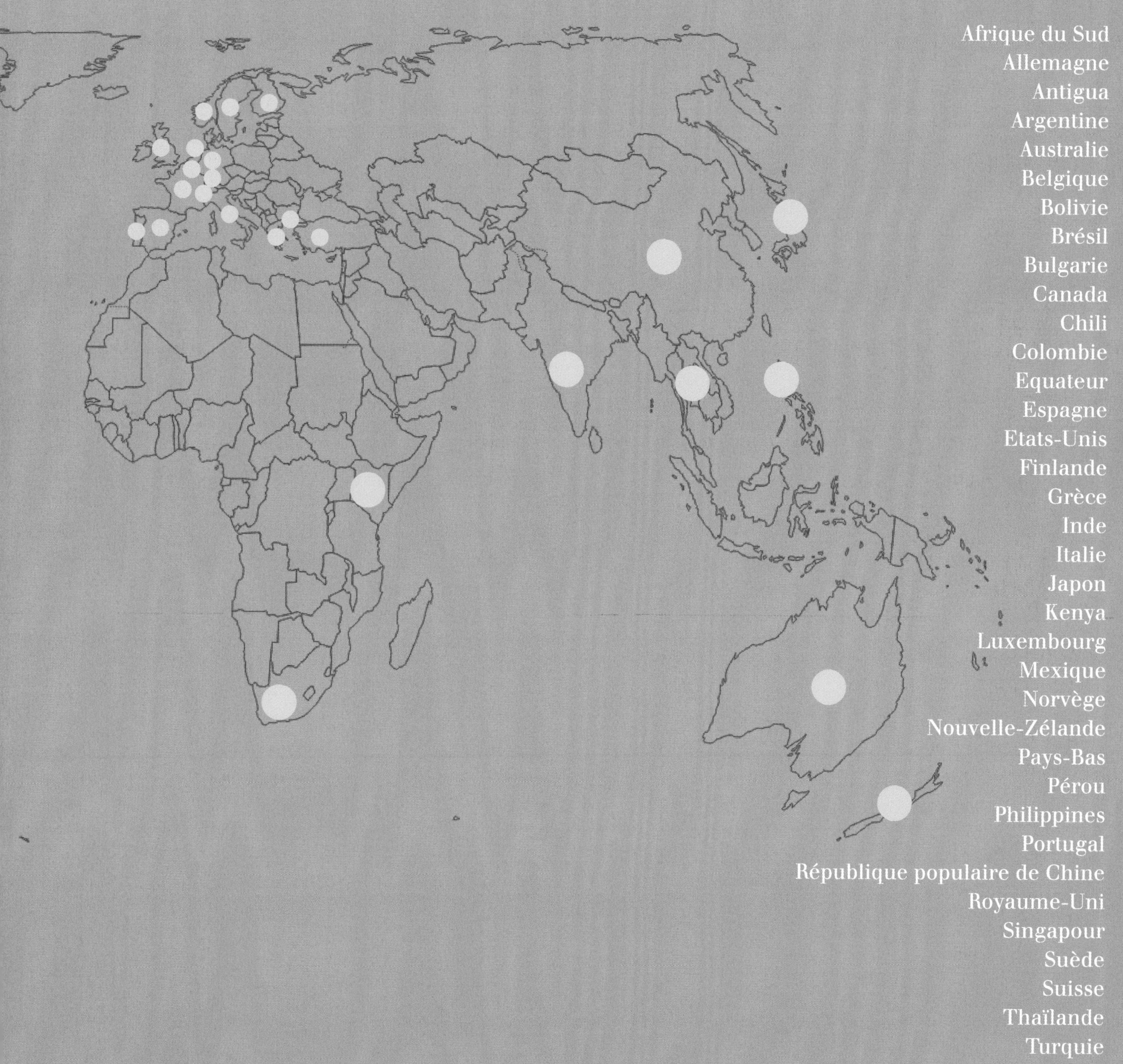
Afrique du Sud
Allemagne
Antigua
Argentine
Australie
Belgique
Bolivie
Brésil
Bulgarie
Canada
Chili
Colombie
Equateur
Espagne
Etats-Unis
Finlande
Grèce
Inde
Italie
Japon
Kenya
Luxembourg
Mexique
Norvège
Nouvelle-Zélande
Pays-Bas
Pérou
Philippines
Portugal
République populaire de Chine
Royaume-Uni
Singapour
Suède
Suisse
Thaïlande
Turquie

Remerciements

Je tiens à remercier l'équipe du cherche midi éditeur, et plus particulièrement Mesdames Maria Félix Frazão et Anne Botella, pour la considérable et minutieuse recherche documentaire et iconographique accomplie, qui a permis de reconstituer l'histoire du Cercle Interallié malgré des archives dispersées.

Denis de Kergorlay

L'éditeur remercie tout spécialement Monsieur Denis de Kergorlay, président du Cercle Interallié, qui est à l'initiative de cet ouvrage, ainsi que Monsieur Edmond Marchegay, vice-président délégué, pour leur soutien constant et leur lecture attentive.
Nos remerciements également pour leur contribution à Messieurs Jean Orizet et Hubert Martin, et Mesdames Naomi Hatakeyama, Nathalie Jeannes, Sylvie Buisson.
Nous remercions enfin les membres de la direction du Cercle Interallié pour leur aimable participation à la réalisation de ce livre.

CRÉDITS PHOTOS

© Abaca Press p. 161ht et bs, 166bs.

© AFP p. 134bs, 153, 155bs, 163ht, 166.

© Air-Images.net/Ph. Guignard p. 4-5.

© Akg-Images p. 26; Jules Dortes p. 119ht.

© Eugène Atget/inha.fr p. 20.

© Archives du Cercle Interallié p. 33ht, 43, 45bs, 46bs, 50-51, 53g, 54g, 56, 57, 58, 61, 62, 63, 65, 67bs, 68, 70, 71, 72, 73, 76, 81, 82, 83, 84, 85, 90dr bs, 91, 93bs, 94, 95, 96bs, 97dr, 98, 99, 100, 101, 102, 103, 108bs, 113, 119bs, 129bs, 134ht, 140ht, 148, 149 155ht, 158, 159, 164, 170 172, 177, 180bs, 186.

© BnF p. 22, 23.

© Corbis p. 55bs.

© Dorée Kami France p. 78-79.

© Bruno Farat couverture, p. 20dr, 21, 23bs, 28-29, 30-31, 34-35, 39, 30, 41, 62fd, 72-73fd, 75fd, 81fd, 84fd, 89fd, 93fd, 94fd, 97, 98dr, 103fd, 119dr, 123fd, 126fd, 129fd, 130fd, 131dr ht, 132fd, 134fd, 135dr, 137fd, 138fd, 139fd, 140fd, 141, 143, 146fd, 147fd, 150, 152fd, 154, 156fd, 157fd, 161fd, 162fd, 164dr, 167, 169fd, 171, 172g, 173, 174, 175, 176, 178, 179, 180, 181, 182, 183, 188, 191.

© Gamma/Rapho p. 67ht, 93ht, 163bs; Robert Doisneau/Rapho/Gamma-Rapho p. 121, 125; Keystone p. 124, 130, 131, 132, 133ht, 139ht, 145, 160, 163bs dr, 169bs.

© Philippe Ledoux/Hermès Paris, 2016 p. 152.

© INA p. 123, 135ht, 139milieu et bs.

© IP3 Press/MaxPPP, Gregory Boissy p. 156ht, Christophe Petit-Tesson p. 157ht, Vincent Isore p. 157bs.

© Kharbine-Tapabor p. 86, 87.

© Leemage p. 19bs dr; Selva/Leemage p. 33bs; Bianchetti/Leemage p. 36; Lee p. 46ht; Josse p. 54bs, 55ht, 89; Josse/Fondation Foujita ADAGP p. 77; Heritage p. 67milieu; MP Portfolio p. 108ht; Usis Dite p. 114ht, 116; United Archives p. 117; Dondero, éd. Minuit p. 133bs.

© Leif Carlsson p. 165 ht.

© Paris Match/Scoop J.C. Deutsch p. 151.

© Picturetank/François-Xavier Seren p. 152dr ht et bs.

© Réa/Denis Allard p. 156bs.

© RMN/Musée d'Orsay p. 27; Grand Palais p. 38.

© Roger Viollet p. 13, 107ht; ©BHVP/Roger Viollet p. 17bs; ©Musée Carnavalet/Roger Viollet p. 17ht, 114bs; Excelsior L'Équipe p. 49ht dr et bs; Topfoto p. 96, 113ht; Ullstein Bild p. 45; Roger Schall p.110.

© Rue des Archives p. 49ht g, 53dr, 90g, 105, 107bs, 126, 128, 129ht, 136, 137, 140bs, 141, 168.

© Sipa p. 169bs.

@ Sotheby's p. 127.

@ Xavier Béjot, avec l'aimable autorisation de Juan-Pablo Molyneux p. 184-185, 192.

Collection particulière D.R. p. 16, 19, 24, 74milieu, 90ht dr, 111, 127, 146, 147, 173dr.

ACHEVÉ D'IMPRIMER EN AVRIL 2016
CHEZ LOIRE OFFSET TITOULET
ISBN : 978-2-7491-2647-0
PRIX : 38 EUROS
PHOTOGRAVURE : IGS-CP (16)
DÉPÔT LÉGAL : MAI 2016
N° D'ÉDITION : 534867